# INHALT



SIGRID ZEEVAERT

## Mit und ohne Hotte



## Materialien

## Liebe Schülerinnen und Schüler,

dieses Buch handelt von dem Jungen Lino, der bei seiner alleinerziehenden Mutter lebt. Anfangs kann er ihren neuen Freund Hotte nicht ausstehen, aber dann lernt er ihn immer besser kennen ... Der Anhang des Buches enthält zusätzliche Materialien zum Thema „Familie“ und weiteren Aspekten des Buches.

Es gibt viele Jugendliche, die gern Bücher lesen, aber auch viele, die gar nicht oder nur ungern lesen. Die elektronischen Medien (Fernsehen, Computer usw.) scheinen so faszinierend zu sein, dass Bücher es schwer haben gegen diese Konkurrenz. Das ist schade, denn wer liest, nimmt teil an den Lebensgeschichten, Erlebnissen, Problemen, Gedanken und Gefühlen der Buchfiguren. Deshalb sagt man: Wer liest, lebt doppelt. Außerdem ist das Lesen wichtig für das Denken und Lernen, für die Erschließung der Welt, für die eigene Entwicklung und für die Nutzung des Medienangebots.

Die Bücher der Reihe **Texte.Medien** wollen zum Lesen motivieren – im Unterricht, aber auch zu Hause in der Freizeit. Sie sollen die Freude am Lesen steigern und „Lust auf mehr Bücher“ machen.

Zu jedem Buch gibt es ein **Lesetagebuch**, das dabei helfen soll, sich selbstständig – individuell und gemeinsam – mit dem Inhalt des Buches und mit den Personen auseinanderzusetzen.

Viel Freude beim Lesen des Buches!
Ingrid Hintz

SIGRID ZEEVAERT

# Mit und ohne Hotte

## 1

„Was für ein Leben!“, seufzt Mama zufrieden und packt zwei große Eisbecher aus. Einen für mich und einen für sich, denn mehr Leute gibt es hier nicht.

Mama streift ihre Schuhe ab, ich habe erst gar keine mehr an. Wir machen es uns auf dem Sofa bequem und schieben den „Genuss pur“, wie Mama das Eis nennt, in uns rein. Es ist Sommer. Die Balkontür steht sperrangelweit offen. Ein warmer Luftzug geht durch die Wohnung und der Lärm der Straße steigt bis in unser Wohnzimmer hinauf, in dem ein Tisch steht, auf dem ich meine Füße kurz mal ausstrecken muss.

sperrangelweit *sehr weit*

„So darf der Sommer bleiben“, sagt Mama, während sie Löffel für Löffel von ihrem Stracciatella-, Cappuccino- und Aprikoseneis verdrückt und tut, als sähe sie meine Füße nicht auf dem Tisch. Dabei ist sie doch meine Mutter und glaubt, sie müsste mich noch erziehen. Ich finde, dass ich es inzwischen auch ohne Verbote und Meckereien gut kann. Schließlich bin ich schon zehn und habe Mama in der Größe bald überholt. Eines Tages muss sie ein Fernglas zu Hilfe nehmen, um mein Gesicht überhaupt noch zu sehen. Im Sitzen kommt es dafür aber gerade noch hin. Mama

Stracciatella *Eis mit kleinen Schokoladenstückchen*

Cappuccino *Kaffee mit geschäumter Milch und Kakaopulver obenauf*

hält ihre Schulter jedenfalls genau richtig für meinen Kopf, der viel zu schwer ist und den ich keinen Augenblick länger allein halten kann.

Mmh! Der Tag steigert sich noch. Er ist gemütlich und warm und schmeckt außerdem gut und ist auf der Zunge so kühl – bis das Telefon klingelt.

„Nicht jetzt!“, stöhnt Mama und isst weiter ihr Eis.

Aber das Telefon gibt so schnell nicht auf. Wieder klingelt es und Mama stößt mich auffordernd an. „Geh du!“, sagt sie. Aber ich kann von meinem Platz gerade nicht weg und sage: „Nein, du.“

Das Telefon versucht es wieder. Und wieder.

Mama wirft ihm einen beschwörenden Blick zu. „Wir sind gerade nicht da“, sagt sie, als ob es Ohren hätte. „Wer unbedingt etwas von uns will, muss es später noch einmal probieren.“

Ich beiße mir auf die Lippe. Immerhin könnte es sich um einen Notanruf von Mauri handeln. Mauri ist schließlich mein Freund. Und ich bin manchmal seine letzte Rettung. Mauri hat es bei sich zu Hause nämlich nicht immer leicht mit seinen Eltern, die streng sind, und einer Schwester, die, seit sie fünfzehn geworden ist, nur noch streikt.

streiken
*hier: aufmüpfig sein*

„Halt mal!", sage ich, weil das Klingeln nicht aufhören will. Ich drücke Mama den letzten Rest von meinem Eis in die Hand und melde mich mit vollem Namen, obwohl Mauri meinen Namen längst kennt. Lino Hausmann. Na ja, dafür kann ich ja nichts.

Statt Mauris Hilfeschrei höre ich am anderen Ende aber jemanden sagen: „Hallo, hier ist Hotte." Hotte? Ich weiß nicht genau, ob ich richtig verstanden habe und was ich überhaupt damit anfangen soll. „Ist deine Mutter zu sprechen?"

„Nein", will ich sagen, „ist sie nicht." Aber weil Mama mir beigebracht hat, zu fremden Leuten höflich zu sein, übergebe ich den Hörer an sie und murmele: „Ist doch für dich."

Jetzt sitze ich mit dem leeren Eisbecher da und kann sehen, wie ein Lächeln über Mamas Gesicht huscht, als sie sich meldet und sagt: „Na, so was, das ist aber schön." Dann kommt eine Pause. Ein sanftes Kopfschütteln und schließlich: „Ist kein Problem." Sie guckt auf die Uhr. „Sagen wir kurz vor acht?" Sie sagen kurz vor acht.

Mama legt den Hörer wieder auf und vergisst um ein Haar, dass es noch einen Rest in ihrem Eisbecher gibt. „Lino“, sagt sie, als sie es endlich bemerkt und sich wieder neben mich setzt, „ich gehe heute Abend noch weg. Ich hoffe, das ist in Ordnung für dich.“ Sie stößt mich an, schiebt noch ein „Hm?“ hinterher und ich ahne es schon. Es ist wieder so weit. Mama hat eine Verabredung mit einem Mann und ich werde demnächst wieder ein Stück Arbeit bekommen.

Ich kratze in meinem leeren Eisbecher herum und frage: „Ist er ein Kollege von dir?“

Kollege *jemand, der mit anderen zusammen im gleichen Betrieb tätig ist*

„Wer?“ Mama guckt mich an, als hätte sie gerade die dümmste Frage, die je einer gestellt hat, gehört. „Etwa Hotte?“

Ich zucke ein wenig unsicher die Achseln. Wer denn sonst?

„Hotte“, sagt Mama kopfschüttelnd und schaut verträumt. „Hotte passt nicht in ein Büro.“ Sie hält einen Augenblick inne. „Hotte passt eigentlich nirgendwo hin. Er macht alles Mögliche und arbeitet nirgendwo fest. Aber weil er auch fotografiert, will er mit mir in eine Fotoausstellung gehen.“

innehalten *eine Pause machen, etwas unterbrechen*

In eine Fotoausstellung. Aha. Und warum geht er nicht mit seinem Freund? Was hat er überhaupt mit Mama am Hut? Und was macht er noch? Taxi fahren oder Leuten die Haare frisieren? Woher kennt Mama ihn überhaupt? Hat er sie fotografiert und gesagt: „Bitte geben Sie mir doch mal Ihre Telefonnummer, Ihre roten Haare gefallen mir nämlich so gut“?

Ich bin der Erste, der sich vom Sofa erhebt und in sein Zimmer verzieht. Mama hat sowieso gleich wieder Besseres zu tun und ich jedenfalls auch.

Ich höre sie bald schon im Flur. Dann im Bad. In der Küche. Sie pfeift und ich frage mich, was an einer Fotoausstellung so gut gelaunt machen kann. Die Fotos?

Ich ziehe mein Heft aus der Schultasche hervor und beuge mich über die Hausaufgaben, die leider noch nicht gemacht sind, obwohl draußen immer noch Sommer ist und der Verkehr bis in mein Zimmer hinein lärmt.

Als ich mit der ersten von zehn Aufgaben beginne, entdecke ich die beiden Kickerfiguren in meinem Regal, die Mauri mir mal vererbt hat.

Kickerfigur *Fußballerfigur*

„Los!“, murmele ich, baue sie voreinander auf und lasse sie gegeneinander spielen. Es wird ein erbitterter Kampf. Bis Mama nach mir ruft, weil ich natürlich wieder derjenige bin, der ihr den Reißverschluss von ihrem neuen Kleid zumachen muss.

„Gefalle ich dir?“, fragt sie. Und ich brumme ein „Ja“. Klar gefällt sie mir und nicht nur ihr Kleid. Aber wegen mir macht sie sich heute Abend ja wohl nicht schön.

Bevor ich mich wieder umdrehe, sehe ich noch, wie sie sich ihre Lippen vor dem Spiegel dunkelrot anmalt. Mama guckt und hat nur noch Augen für sich und ihren Mund, den sie spitzt und dann zu einem Lächeln verzieht. Zu einem Übungslächeln, damit nachher auch alles klappt. Möchte nur mal wissen, warum. Ich meine, warum sie es nicht lassen kann. Schließlich hat sie selbst erst vor einer halben Stunde gesagt, es geht uns gut und es fehlt uns an nichts.

Meine Zimmertür lasse ich einen Spalt auf, höre

Mamas Pfeifen, während ihr Parfüm mir in die Nase steigt, und ich versuche, die zweite von zehn noch ausstehenden Aufgaben zu lösen. Wie aber soll man rechnen können bei diesem Gestank?

schnipsen *mit dem Finger schnippen*

Ich schnipse eine Papierkugel durchs Zimmer. Hotte heißt zur Abwechslung dann also vielleicht bald derjenige, der vorübergehend mit an unserem Tisch sitzt. Hotte!

Ich kaue auf meinem Stift.

Allergie *Überempfindlichkeit gegen bestimmte Stoffe*

Mamas Letzter hieß Tom und war nur dreimal da. Danach hat er unsere Wohnung anscheinend nicht mehr gefunden. Oder er ist ganz weggezogen aus unserer Stadt. Vielleicht hat Mama ihm auch gesagt, ich bekäme von Männern mit Brille eine Hautallergie und es täte ihr leid. So jedenfalls waren wir dann wieder zu zweit und ich war froh und habe Mama nicht weiter nach ihm gefragt.

Mamas Liebschaften stören mich meistens. Um nicht zu sagen: immer. Und ich möchte wissen, was Mama an ihnen hat. Am Anfang rennt sie immer wie ein aufgescheuchtes Huhn in der Gegend herum. Träumt Löcher in die Wand, seufzt, verlegt lauter Sachen und findet sie dann nicht mehr. Taschen, Uhren und Zettel. Oder sie vergisst, dass sie auf Fragen antworten muss. Aber mit der Zeit legt sich das wieder und sie erinnert sich sogar an ihren Sohn, den es ganz nebenbei auch noch gibt, auch wenn sie in ihn nicht verliebt ist. Verliebt ist sie nur in ihre Männer, solange die noch von etwas anderem reden als von ihrem neuesten Computerprogramm.

Mich interessieren Computerprogramme. Aber Mamas Liebschaften interessieren mich nicht und ich gebe mir auch keine besondere Mühe, so zu tun, als ob doch. Im Gegenteil. Oft genug lasse ich mir sogar etwas einfallen, wie ich sie möglichst schnell wieder loswerden kann. Mama ist mir gar nicht mal immer böse. Manchmal ist sie insgeheim vielleicht sogar froh, dass sie mich vorschieben kann und sich selbst keine Ausreden ausdenken muss. Ich lasse, wenn es sein muss, eben auch schon mal einen Schlüssel verschwinden und Mamas Liebschaft kommt bei uns nicht wieder rein, weil es passieren kann, dass ich schwerhörig bin, wenn es klingelt. Oder ich vergesse, den Tisch für drei zu decken, und stelle nur zwei Teller hin, obwohl ich genau weiß, dass Mama nicht allein zum Frühstück erscheint.

Ich erscheine immer allein und fühle mich manchmal auch so. Als gehörte ich plötzlich nicht mehr dazu. Zum Beispiel jetzt, wo ich neben Mama stehe und sie den nächsten Blick in den Spiegel wirft und dabei an nichts anderes als an ihre Verabredung denkt.

„Schatz“, sagt sie, während sie den Lippenstift noch einmal nachzieht, „es könnte spät werden. Aber du weißt ja, dass du mich jederzeit auf dem Handy anrufen kannst.“

„Wird wohl nicht nötig sein“, murmele ich. „Mein Bett finde ich allein. Und wo das Klo ist, fällt mir wahrscheinlich auch noch rechtzeitig ein.“

„Lino!“ Mama seufzt und bleibt einen Augenblick stehen. „Sind deine Hausaufgaben gemacht?“

„Sozusagen."

Mama legt den Kopf schief, sieht mich auffordernd an.

„Den Rest erledige ich jetzt."

„Gut", sagt Mama und nickt. „Wie groß du inzwischen schon bist."

Ich sage nichts. Weil mir nichts dazu einfällt. Und weil es ein merkwürdiger Moment ist, in dem Mama es sagt. Schließlich finde ich es ja auch. Aber genauso gut gilt es auch andersherum, denn immerhin bin ich noch ihr Kind und hätte gern, dass sie das nicht vergisst.

„Kommst du zurecht?", fragt sie und streicht mir mit der Hand übers Gesicht.

„Was denkst du?" Ich weiche zurück.

Und Mama kann es natürlich nicht lassen, mir zu sagen, dass ich pünktlich ins Bett gehen soll. Sie greift nach ihrer Jacke. „Und putz dir bitte die Zähne und lass den Fernseher aus."

Gegen den Kuss, den ich zum Abschied noch auf die Backe gedrückt bekomme, kann ich nichts machen. Dann fliegt die Tür hinter ihr zu und ich höre die Schritte auf der Treppe, die sich eilig entfernen. Bis die Haustür unten ins Schloss fällt und nur der Straßenlärm noch in die Wohnung hinaufdringt.

## 2

Klar, dass dieser Abend nicht der erste ist, den ich allein in der Wohnung verbringe. Der Tag ist inzwischen schon ziemlich vorbei, aber direkt schlecht finde ich ihn immer noch nicht. Weit stehen die Balkontüren jetzt für mich allein auf, Sommerabendluft hängt in den Räumen und an Mama denke ich so gut wie nicht mehr. Sie macht ja doch, was sie will.

Und genau das mache ich jetzt auch. Ich habe mich jedenfalls reichlich aus dem Kühlschrank bedient und wie ein Wilder gegessen. Salami und Brot, saure Gurken, eine halbe Tafel Trauben-Nuss-Schokolade, drei Würstchen, Tzatziki, und es hat mir geschmeckt. Auch Cola aus der Flasche trinke ich, was mir normalerweise immer gleich Ärger mit Mama einbringt. Jetzt bringt es mir nichts als meinen Spaß ein, auch wenn die Kohlensäure im Hals brennt, aber schließlich löscht Cola den Durst und ich bin allein.

Tzatziki *griechisches Gericht aus Jogurt, Gurken und Knoblauch*

Ich entdecke eine halb leer getrunkene Flasche Wein, lege meine Hand an den Korken, den ich nur rausziehen müsste. Aber ich lasse es sein.

Wenig später sitze ich vor dem Fernseher und arbeite mich durch dreißig Programme. Dabei kann Mama sich normalerweise auf mich verlassen. Ein bisschen Herumlungern und Danebenbenehmen muss ich mich heute aber doch. Jedenfalls bin ich nicht gerade versessen darauf, wieder Schlüssel verschwinden zu lassen oder eine Allergie zu kriegen, nur weil niemand hier aufkreuzen soll, der bisher ja auch noch gar nicht hier aufgekreuzt ist.

In einem Film schmeißt jemand Porzellan an die Wand. Ich gucke es mir an und muss lachen. Porzellan-an-die-Wand-Schmeißen ist manchmal gut. Vor allem dann, wenn andere das für einen tun und man die Scherben nachher nicht wegfegen muss.

Als das Telefon klingelt, gehe ich ran und diesmal ist tatsächlich mein Freund Mauri am Apparat.

„Na?“, fragt er. „Wirst du auch noch abgefragt?“

„Abgefragt?“ Der Englischtest von morgen früh fällt mir wieder ein und mir wird ganz heiß, denn ich habe ihn glatt vergessen und nicht im Geringsten dafür gelernt. „Selbst wenn ich wollte“, erwidere ich schnell, „hier ist ja niemand, der das mit mir macht.“

„Du bist allein?“ Mauri klingt, als wäre auch er nichts lieber als das. „Hast du es gut.“

„Klar“, sage ich, „sowieso.“

„Wenn ich allein zu Hause wäre“, seufzt Mauri, „würde ich alles Mögliche machen. Nach Geld suchen, verbotene Sachen im Fernsehen gucken und sämtliche Schränke durchwühlen.“ Mauri lacht. „Oder ich würde mich einfach noch mal nach draußen verdrücken, ohne dass einer es merkt.“

„Genau“, sage ich und gucke zu, wie sie sich im Fernsehen gerade küssen. „Wenn ich Lust dazu habe, mache ich das ja auch.“

„Nur ich muss die blöden Englischvokabeln noch lernen“, beschwert sich Mauri. „Meine Mutter prüft gleich, ob ich alles kann. Aber vielleicht klettere ich vorher aus dem Fenster und wir hauen ab."

„Ja", sage ich, „das wäre gar keine schlechte Idee."

Wir malen uns aus, wie es wäre, nur wir beide draußen irgendwo in der Nacht. Vielleicht würden wir in wilde Verfolgungsjagden geraten und beide erschossen. Erst Mauri, dann ich. „Wenigstens", sagt Mauri, „bekämen wir dann zusammen ein Grab."

„Oder zwei kleine nebeneinander, denn wer weiß", überlege ich, „ob es sich auf die Dauer neben deinen Qualmfüßen aushalten lässt."

„Was für ein Blödmann du bist", gibt Mauri zurück. „Tote Füße qualmen doch nicht."

Wir feixen und verschieben unseren nächtlichen Ausflug auf später. Ich kann Mauris Mutter im Hintergrund hören. „Bis morgen", sagt Mauri. „Ich leg dann mal auf."

feixen
*grinsen, lachen*

Ich warte noch und höre vom anderen Ende schließlich das Tuten. „Zum Glück", sage ich mir, „bin ich nicht Mauri und habe es nicht mit einer solchen Mutter zu tun. Auch nicht mit einem solchen Vater, denn Mauris Vater ist wirklich streng. Noch strenger als Mauris Mutter. Und beide zusammen sind für jedes Kind eindeutig zu viel.

Ich schalte den Fernseher wieder aus, denn die Englischvokabeln gehen mir nicht aus dem Kopf, weil sie leider noch nicht richtig drin sind und irgendwie hineinmüssen, damit es morgen in Englisch nicht wieder Ärger für mich gibt. Ärger will ich eigentlich nicht und mein Abitur will ich auch schaffen. Weil ich mit

Abitur
*Abschlussprüfung am Gymnasium*

Mauri schließlich noch Großes vorhabe, später. Noch viel Größeres als abzuhauen mit ihm. In den Weltraum fliegen zum Beispiel. Oder versunkene Städte aufspüren. Expeditionen durchführen, die man ohne rechnen oder Englisch zu können bestimmt nicht hinkriegt. Und überhaupt. Soll Mama doch Anrufe bekommen und sich die Lippen anmalen, soviel sie nur will. Mich kümmert es nicht. Und außerdem gründe ich mit Mauri vielleicht eine Band.

Expedition *Entdeckungsreise*

Ich werfe mich auf mein Bett und lerne die Englischvokabeln, so gut ich kann, auch wenn es besser ginge, wenn jemand da wäre und mich abfragte, wie Mauris Mutter das tut. Aber Mauris Mutter ist Mauris und nicht meine und ich will sie ja auch gar nicht.

Die Müdigkeit überfällt mich und ich schiebe das Buch unter mein Kopfkissen, wo es mir vielleicht noch etwas nützt. Angeblich lernt man manche Sachen im Schlaf.

Dann sause ich durch die Wohnung, schließe Fenster und Türen, gehe sogar noch mal freiwillig aufs Klo, putze die Zähne, krieche endlich unter meine Decke, und lösche das Licht.

Wie still es auf einmal ist. Ich liege da und sehe die Schatten, die das Licht der Laterne in die Dunkelheit malt. Irgendwo knackt es. Ich horche auf. Was kann das sein? Mama? Aber warum ist sie gleich wieder still?

Mein Herz pocht, obwohl ich eigentlich kein Angsthase bin. Aber was, wenn sich einer in die Wohnung geschlichen hat? Durch die offene Balkontür zum Beispiel, nachdem er Mama hat fortgehen sehen.

Ich rühre mich nicht unter meiner Decke, halte die Luft an, lausche und denke an Mamas Handy und ihre Nummer, die ich auswendig kann.

Zu blöde nur, dass das Telefon im Wohnzimmer steht und ich hinmüsste, vielleicht am Einbrecher vorbei, und was sollte ich sagen? „Komm bitte her, Mama! Hier ist einer, der knackt und mich gerade umbringen will"?

Mein Herz trommelt, obwohl das Knacken längst aufgehört hat. Aber vielleicht lauscht auch der Einbrecher gerade, wie ich, und er weiß, wo ich bin, weil er mein trommelndes Herz hört.

Ich schnappe nach Luft. Den Einbrecher, sage ich mir, gibt es gar nicht und das Knacken ist vielleicht nichts als ein Knacken der Dielen gewesen, das eben manchmal passiert, weil die Dielen aus Holz sind und leben, wie Mama es nennt. Lieber wäre mir im Moment zwar, sie wären tot oder wenigstens still, was sie ja auch sind, jedenfalls jetzt.

Diele
*hier: Brett im Holzboden*

Ich atme auf, denn an Einbrecher, die so lange regungslos dastehen, glaube ich nicht.

Wie eine Schnecke rolle ich mich unter meiner Decke zusammen, aber ich schlafe trotzdem noch immer nicht ein. Weil mir ausgerechnet jetzt einfällt, was Mauri von diesem Horrorfilm erzählt hat. Mauri hat ihn heimlich mit seiner Schwester gesehen. Und er hat die halbe Nacht nicht geschlafen und mir am nächsten Tag davon erzählt. Von dieser Hand, die eine Geisterhand war ...

Horrorfilm
*Film, der beim Zuschauer Grauen und Entsetzen hervorruft*

Ich taste nach dem Lichtschalter und stelle erleichtert fest, dass niemand seine kalte Hand nach mir streckt. Auch unter meinem Bett liegt keiner und lauert. Nicht im Flur. Und nicht im Bad, in das ich mich schnell noch mal traue, weil ich eigentlich kein Angsthase bin.

Ich mache mein Gesicht noch einmal nass und weil ich kein Baby mehr bin, rufe ich niemanden an, sondern krabbel wenig später wieder unter meine Decke und versuche es mit dem Einschlafen noch mal von vorn.

Auch wenn ich dabei an manchen Film denken muss und sogar noch ein Kapitel aus meinem Buch lese. Meine Augen gehen einfach nicht zu und so wiederhole ich vor lauter Verzweiflung noch einmal die Englischvokabeln, die ich morgen garantiert perfekt kann.

garantiert *bestimmt, ganz sicher*

perfekt *sehr gut, vollkommen*

Irgendwann bin ich vom vielen Innehalten und Lauschen so müde, dass ich in einen Traum hineinrutsche, in dem es gruselig ist und ich um mein Leben laufen muss und nichts höre von einer Tür, die aufgeht, weil Mama nach Hause zurückkehrt. Ich träume und laufe im Schlaf, ducke mich, trickse alle aus und werde erst wieder wach, als es draußen längst hell ist und ein Wecker so lange piepst, bis ich kapiere, dass es mein Wecker ist.

Noch etwas benommen richte ich mich in meinem Bett auf. Die Gefahr ist vorüber. Und von Mama höre ich nichts. Dafür kriege ich sie aber bald schon zu sehen, denn ihr Kopf schiebt sich durch die Tür und sie sagt verschlafen: „Aufstehen, mein Sohn!“

„Schon unterwegs“, murmele ich und krieche aus meinem Bett an Mama vorbei, die sich reckt und laut gähnt. Aber wer spät ins Bett geht, muss sich nicht wundern. Und ich frage sie jedenfalls nicht, wie es auf ihrer Fotoausstellung überhaupt war.

Ich verschwinde im Bad und kann zum Glück nicht die geringste Spur eines Besuchers erkennen. Keine Zahnbürste, kein Handtuch, das zusätzlich benutzt worden ist. Auch im Flur habe ich keine fremden Schuhe zwischen unseren gesehen.

In der Küche angekommen, nehme ich zwei Teller aus dem Schrank, zwei Tassen und sitze kurz darauf mit Mama am Tisch, die keinerlei Anstalten macht, einen dritten Teller dazuzustellen. Auch keine Tasse.

Anstalten machen *die Absicht zeigen, etwas zu tun*

„Hast du gut geschlafen?", fragt sie nur.

„Na ja", murmele ich und taue allmählich auf. „Habe mein Bestes getan." Den Englischtest erwähne ich vorsichtshalber nicht. Erst einmal will ich sehen, ob ich ihn auch kann. Ich lasse mir mein Frühstück gut schmecken. Mein Frühstück mit Mama allein.

„Beeindruckende Fotos haben wir gestern gesehen", sagt sie schließlich, „von Menschen in der Großstadt." Dabei habe ich sie gar nicht gefragt.

Ich schiebe mir das letzte Stück Brot in den Mund und denke: Gegen beeindruckende Fotos von Menschen in der Großstadt habe ich nichts. Hauptsache, alles bleibt, wie es ist. Schließlich haben wir es doch gut. Mit Menschen in der Großstadt und ohne. Vielleicht sieht Mama das inzwischen ja ein und erlaubt keinem Dahergelaufenen mehr, sich in dieser Wohnung die Schuhe auszuziehen und zu tun, als wäre er bei uns zu Hause.

# 3

„Sei froh, dass du mich überhaupt noch lebend zu sehen bekommst“, empfängt Mauri mich aufgeregt, als wir uns auf dem Weg zur Schule treffen. „Um ein Haar hätte mich heute Morgen nämlich die Müsli-Dose erwischt.“ Er seufzt, schiebt die Hände in die Hosentaschen und kann es selbst noch nicht fassen. Genauso wie ich.

„Was für eine Müsli-Dose?“, frage ich und wir gehen gemeinsam weiter.

Mauri verzieht sein Gesicht über meine Frage, die wirklich schlauer hätte sein können, das gebe ich ja zu. Aber ich will doch nur, dass er weitererzählt. Was er auch tut.

„Bei uns ist man selbst am Frühstückstisch schon nicht mehr sicher“, sagt er. „Dabei hatte ich mit dem Krach zwischen meinem Vater und meiner Schwester überhaupt nichts zu tun. Aber so macht sie es immer: Zieht ein langes Gesicht, wenn mein Vater sie etwas fragt, verdreht die Augen und antwortet nicht. Sagt keinen Ton. Bis mein Vater so wütend wird, dass er zu brüllen anfängt und mit Müsli-Dosen rumschmeißt.“

Ich gucke Mauri an. Mauri guckt mich an. „Du Ärmster“, sage ich, „du tust mir echt leid.“

Mauri nickt. „Haarscharf“, sagt er nur, „flog die Müsli-Dose an mir vorbei. Und weil der Deckel nicht zu war, flog alles raus und quer durch die Küche und meine Mutter mischte sich in den Krach noch mit ein.“

Mauri macht ein Gesicht wie einer, der seinen Freund dringend braucht.

„Beim nächsten Krach", schlage ich deswegen vor, „ziehst du einfach zu mir."

Mauri grinst. „Werde ich tun, verlass dich drauf", sagt er. „Jedenfalls kannst du froh darüber sein, dass du nur deine Mutter hast."

„Klar", sage ich und mache einen weiten Satz über einen Hundehaufen hinweg. „Ich bin ja auch froh."

Eine Weile gehen wir schweigend nebeneinander her und ich denke, dass ich sowieso keinen Vater mehr brauche. Immerhin habe ich schon einen, auch wenn er mit uns nichts zu tun haben will. Oder wir nicht mit ihm. So genau weiß ich das manchmal gar nicht, weil wir oft monatelang nichts von ihm hören und er nichts von uns. Wenn ich ihn dann wiedersehe und er mit mir Eis essen geht, komme ich mir ganz fremd neben ihm vor. Viel fremder als sonst, wenn er wieder irgendwo in der Welt unterwegs ist. Spezialverschlüsse für Tuben aller Art verkauft er und sie sind überhaupt alles für ihn. Manchmal denke ich, er ist selbst schon so ein Verschluss. Schließlich hat er ihn erfunden und verdient damit viel Geld, von dem er uns aber auch nur das Allernötigste schickt.

„Früher", seufzt Mama, wenn ich sie frage, wie es war, als ich auf die Welt kam und so, „früher war dein Vater nicht so versessen auf Geld und hatte auch noch anderes als diese Spezialverschlüsse im Kopf."

auf etwas versessen sein
*etwas unbedingt haben wollen*

Wir haben die Schule erreicht und bevor der Unterricht beginnt, frage ich Mauri, ob er am Nachmittag wieder zum Fußballplatz mit mir will.

„Wohin denn sonst?“, fragt Mauri zurück.

Wir zucken die Achseln, stoßen uns an. Dann sind die Englischvokabeln gefragt, deren nächtliche Wanderung aus dem Buch in meinen Kopf hinein nicht funktioniert haben kann. Vielleicht war das Kopfkissen ja auch zu dick. Jedenfalls komme ich ins Schwitzen, denn es fallen mir längst nicht alle ein. Dafür sitzt Mauri zum Glück neben mir und schiebt mir das Heft so weit zu, dass ich bei ihm abschreiben kann.

funktionieren *störungsfrei verlaufen*

Im Gegenzug helfe ich ihm später mit ein paar Flüssen und Gebirgszügen aus. Und die Beschreibung eines missglückten Zoobesuchs kriegen wir auch zusammen gut hin. Obwohl wir nie zusammen im Zoo waren und ein Besuch uns schon mal gar nicht missglückt ist. Trotzdem. Lachen müssen wir auch so. Weil wir behaupten, wir wären bei den Affen im Käfig gelandet.

„Typisch“, hören wir Lilli und Lena hinter uns kichern, „genau in den Käfig gehört ihr ja auch rein.“

„Und ihr“, gibt Mauri zurück, „gehört zu den Kamelen.“

Ich sehe noch, wie Lena uns einen Vogel zeigt und Lilli ihr zunickt und tut, als wären wir sowieso vollkommen blöd. Aber es macht mir nichts aus. Mädchen sind schließlich Mädchen und die Schule ist endlich aus und ich habe genug mit dem Packen meiner Schultasche zu tun.

Bis zur Ecke gehe ich mit meinem Freund Mauri

und er geht mit mir. „Mach's gut", sagen wir fast gleichzeitig, als unsere Wege sich trennen, „und benimm dich gefälligst."

Wir sausen beide nach Hause und meine Laune ist bestens. Wenn man einen Freund wie Mauri hat, der später mit einem zum Fußballplatz geht, kann sie auch kaum anders sein.

Ein Zettel von Mama liegt auf dem Tisch. „Lieber Lino", lese ich, „lass Dir den Eintopf gut schmecken. Ich ruf Dich gleich an. Küsschen von Mama."

Küsschen.

Ich verziehe mein Gesicht und muss aber doch grinsen. Schließlich ist niemand da, der mich jetzt sieht, auch Mama nicht, die mir den Topf in den Kühlschrank gestellt hat. Gemüseeintopf mit einer Wurst.

Weil ich sowieso keine Wahl habe und außerdem Hunger, wärme ich mir mein Essen auf und verbrenne mir, als ich es in mich hineinschlingen will, prompt den Mund.

prompt *sofort*

Dann ruft Mama an und ich beschwere mich darüber natürlich bei ihr.

„Ach mein Kleiner", sagt sie und ich tue, als hätte ich das letzte Wort nicht gehört. „Trink ordentlich Sprudel, dann merkst du es bald schon nicht mehr."

„Und du?", frage ich zurück. „Schlägst du dich wieder mit portugiesischen Beschreibungen für Kühlschränke rum?"

Mama stöhnt und ich kann nicht anders als grinsen. Weil ich doch weiß, wie sehr Mama es hasst, wenn sie, statt Romane zu übersetzen, in dieser Firma sitzen und sich durch Bedienungsanleitungen hindurchquälen muss. „Na dann noch viel Spaß“, murmele ich. Und Mama sagt: „Den habe ich schon.“

Wieder muss ich grinsen und ich glaube, Mama grinst auch. „Machst du was Schönes?“, fragt sie noch. Und ich sage: „Klar.“

„Sagst du mir, was?“

Ich sage es ihr.

„Fein.“ Mamas Stimme klingt weich. „Dann lass dich nicht aufhalten und pass auf dich auf.“

Das Telefon liegt bald wieder auf der Station. Ich hole mir den Sprudel und esse schnell noch den Rest von meinem Eintopf mit der Wurst. Im Schrank finde ich Gummibärchen, Katzenpfötchen und eine Praline, und ich arbeite meine Rechenaufgaben im Rekordtempo durch. Mauri soll schließlich nicht warten.

Katzenpfötchen *hier: Schokoladensorte*

Ich sause die Treppe hinunter, schwinge mich auf mein Fahrrad und trete in die Pedale, als wäre ich der einsam Führende beim großen Radrennen und würde von dreihundert weiteren Rennfahrern gejagt. Ich hänge sie ab, sogar noch im Berg, und bin deswegen in null Komma nix am Fußballplatz, wo aber leider noch kein Mauri ist.

null Komma nix *hier: in kürzester Zeit*

Einen Augenblick stehe ich rum. Dann kicke ich mir den Ball selber zu. Köpfe ihn einmal, zweimal, dreimal senkrecht über mir hoch. Stoppe ihn. Umfummle meine vermeintlichen Gegner. Trickse sie aus. Bis ich Mauri nach einer halben Ewigkeit endlich heranstürmen sehe.

„Meine Mutter hat mich nicht früher gelassen“,

seufzt er, während wir auch schon den ersten Pass spielen, denn gewartet habe ich lange genug. „Manche Mütter müsste man umtauschen können", sage ich nur.

Pass
*Zuspiel des Balls*

Mauri gibt mir sofort recht.

Dann hält uns nichts mehr. Wir passen hin und her, Mauri geht durch die Mitte, ich schlenze den Ball und er kriegt eine Flanke von mir, zieht ab und der Ball landet im Netz.

passen
*hier: den Ball zuspielen*

schlenzen
*den Ball schießen, ohne auszuholen*

„Na bitte", ruft er, „eins : null für uns."

Flanke
*hier: Zuspiel des Balls von der Seite zur Mitte*

Wir sind das beste Team auf dem Platz, spielen fast blind zusammen und machen sämtliche Gegner im Nu nass. Zaubern Doppel- und Dreifachpässe, tricksen und schießen mit den Hacken und gewinnen zwölf: null. Bekommen es dann immerhin mit der Weltmeistermannschaft zu tun. Die besiegen wir knapp.

Hacke
*Ferse*

Jubelnd liegen wir uns in den Armen, drehen noch eine halbe Ehrenrunde um den Platz und radeln ein wenig müde und nass geschwitzt wieder zurück.

„Bei uns gibt es Cola", sage ich nur und Mauri nickt, denn bei ihm gibt es die nicht. Seine Mutter hat etwas dagegen, weil Cola ungesund ist.

Mama kauft sie auch nicht immer, aber manchmal eben doch, und wenn wir Glück haben, ist sie noch nicht wieder zurück und der Vorrat gehört uns.

Ich stecke den Schlüssel ins Schloss. Drinnen kann ich Mama reden hören. Ich verziehe mein Gesicht, gebe Mauri ein Zeichen.

Und er fragt: „Ist noch jemand bei euch?"

„Woher soll ich das wissen?", erwidere ich und schiebe mich mit ihm durch die Wohnungstür in den Flur. „Jedenfalls kriegen wir unsere Cola, so viel steht fest."

Dann stehen wir in der Küche. Und weil einer am Küchentisch sitzt, der noch nie vorher dort saß, gucke ich an Mama vorbei und sage kein Wort. Höre ihr Lachen, das anders als sonst klingt, und ihren Satz: „Na, ihr beiden! Habt ihr genug für heute trainiert?"

Verächtlich zucken meine Schultern. Das kann man doch sehen und außerdem redet Mama sonst nie so einen Quatsch. „Wir wollen Cola", sage ich nur.

Und Mama sagt: „Wir haben überraschend Besuch. Wenn ich euch also kurz mal vorstellen darf ..."

Ich überhöre ihre Worte. Weil ich nicht gerade versessen auf Überraschungen bin, jedenfalls nicht auf solche, und mir schon denken kann, dass dieser Neue an unserem Tisch zur Abwechslung dann wohl mal Hotte heißt. Hotte. Ja, na und?

Versehentlich streift mein Blick über ihn hinweg, als ich im Schrank nach Gläsern suche. Ein bisschen wild sieht er aus. Jedenfalls stehen seine Haare nach allen Seiten ab, aber das ist ja wohl Mamas Problem.

„Schön, dich kennenzulernen", sagt er jetzt und grinst.

Ich nehme die Colaflasche aus dem Kühlschrank und gieße die beiden Gläser bis zum Rand voll. Eine Antwort oder gar ein Grinsen kriegt er von mir jedenfalls nicht.

„Prost!", sage ich nur, übergebe Mauri sein Glas und kann nicht verhindern, dass etwas Cola aus meinem Glas bis auf den Boden schwappt.

„Lino!“, sagt Mama und ich sehe die roten Flecken an ihrem Hals.

„Hab ich früher auch immer gemacht“, höre ich diesen Hotte jetzt sagen, „so lange geschüttet, bis die Cola übergelaufen war.“ Er lacht. Obwohl ich nicht weiß, was daran lustig sein soll.

„Wisch es weg, Lino“, sagt Mama nur und normalerweise würde ich das auch sofort tun. Aber jetzt kann ich es nicht.

„Komm!“, sage ich zu Mauri und ziehe ihn hinter mir her. „Für vier ist es in der Küche zu eng.“

Mauri sagt nichts, hält nur sein Colaglas fest und folgt mir durch die Tür, die ein bisschen zu laut hinter uns zufällt.

Für einen Augenblick fürchte ich noch, dass Mama hinter uns herkommen und lospoltern könnte, aber zum Glück verkneift sie es sich.

poltern
*hier: schimpfen*

Ein wenig durcheinander guckt Mauri, als wir in meinem Zimmer sitzen. Bevor er jedoch nachfragen kann, frage ich ihn: „Soll Hotte ein Vor- oder ein Nachname sein?“

Mauri zuckt mit den Achseln. „Vielleicht beides“, grinst er und da grinse ich auch.

„Hotte“, wiederhole ich noch einmal verächtlich und muss an ein Pferd denken, so wie Mauri anscheinend, denn er sagt plötzlich: „Hü!“

Wir werfen uns auf mein Bett, lachen und prusten, hören gar nicht mehr auf. Denn wenn man erst mit einem Pferd anfängt, ist man bald auch bei einem Cowboy. Und was kann ich dafür, wenn einer in unserer Küche sitzt, der wie ein Pferd heißt? Jedenfalls bin ich froh, dass ich Mauri habe, der mit mir Cola trinkt. Auf Mauri ist immer Verlass, nicht nur beim Rumblödeln, sondern auch beim Wieder-Aufhören und beim Sortieren von Rittern. Beim Durchstöbern alter Fußballeralben. Irgendwann sind wir mit unseren Gedanken sogar auch wieder bei unserer Band.

„Wenn ich ans Schlagzeug gehe", sagt Mauri, „spielst du Saxophon."

Saxophon *Blasinstrument*

„Und wer macht den Rest?"

Mauri grinst. „Wie wäre es mit Lilli und Lena?"

Lilli und Lena? Wieder kugeln wir uns.

„Dann können wir ja auch gleich eine Mädchenband gründen!", japst Mauri.

japsen *keuchen, nach Luft schnappen*

„Ohne mich!"

„Klar ohne dich! Und ohne mich!" Mauri hält sich den Bauch. „Mädchen – pah!"

Wir lachen und können gar nicht mehr aufhören.

Als Mama den Kopf zur Tür hereinsteckt, haben wir uns gerade einigermaßen erholt. „Mauri", fragt sie, „bleibst du zum Essen?"

„Klar!", rufe ich und werfe Mauri einen beschwörenden Blick zu. „Hast du nicht vorhin gesagt, du müsstest um sieben erst wieder auf der Matte stehen?"

Mauri guckt etwas verdutzt. „Nein", sagt er, „das heißt ja." Er zuckt mit den Achseln und nickt.

„Fein", sagt Mama, „dann sind wir ja zu dritt."

Zu dritt? Ich horche auf und habe schon fast auf den Lippen, Mama nach ihrem komischen Hotte zu fragen, und was mit ihm ist. Aber ich verkneife es mir, denn normalerweise frage ich Mama nicht nach einem Pferd. Außerdem sehe ich es wenig später mit eigenen Augen und bin froh, denn er ist wieder weg. Ich verliere kein Wort mehr über ihn. Und auch Mama sagt nichts.

Drei Teller stehen schließlich vor uns auf dem Tisch mit Brot, Butter, Käse, Wurst und sonst noch ein paar Kleinigkeiten dazu. Mauri lacht und erzählt Mama etwas und ich höre zu, weil ich essen muss, denn es schmeckt mir an diesem Abend ungefähr neunmal so gut wie sonst.

# 4

Mamas Interesse für Fotos und den Überraschungsbesuch habe ich beinahe vergessen, denn ein paar Tage passiert einfach nichts. Nichts jedenfalls, was mir verdächtig vorkommen muss. Mama spricht weder von verschütteter Cola oder beeindruckenden Bildern der Großstadt, noch pfeift sie in der Gegend herum und wird auch nicht neu überrascht, höchstens von mir, weil ich ihr ausnahmsweise von meiner Schokolade abgebe, die zartbitter ist und zu den wenigen gehört, die ich nicht sonderlich mag. Der Pferdename fällt zum Glück gar nicht erst und ich frage auch nicht, denn Pferde interessieren mich nicht.

Wenn das Telefon klingelt, sind Mamas Freundin Miriam dran oder Mauri oder Oma. Einmal auch Tom, Mamas Letzter, der wissen will, ob Mama weiß, wo seine grauen Socken geblieben sind.

„Tut mir leid“, sagt Mama, „aber hier sind sie nicht.“ Sie verabschiedet sich freundlich, wünscht ihm alles Gute, dann legt sie das Telefon wieder weg, zuckt mit den Achseln und ich zucke auch.

„Tja“, sage ich.

Mama sagt nichts. Auch wenn ihr Blick verrät, dass sie etwas denkt.

Trotzdem ist die Stimmung weiterhin gut. Wir essen Pizza und grillen, als es wieder mal heiß ist, mit ein paar Freunden von Mama im Hof. Valentin, der Sohn von Miriam, Mamas Freundin, kommt mit und wir erkunden die letzten Winkel vom Hof und vom Keller. Wir finden das Skelett einer Maus und fragen uns, ob es noch weitere Skelette irgendwo gibt. Vielleicht sogar noch größere und nicht nur von Mäusen. Bis spätabends streunen wir draußen herum. Suchen und essen zwischendurch. Mama hat Kerzen geholt. Und wäre ich beim Ins-Bett-Gehen nicht so hundemüde gewesen, so hätte ich ihr an diesem Abend vielleicht sogar von meinen Plänen mit Mauri erzählt. Eines Tages muss Mama von unserer Band ja erfahren, schließlich benötige ich eine Gitarre oder ein Saxophon. Ich warte schon lange auf einen günstigen Moment, in dem ich davon anfangen kann.

Skelett *Gerippe, Knochengerüst*

Der Moment verstreicht, weil ich so müde bin, dass ich mir selbst nicht mehr zuhören kann und einschlafe, sozusagen mitten im Satz.

In der Nacht werde ich wach. Hinter dem Fenster blitzt es und der Donner kracht laut. So laut, dass man glauben könnte, die Welt stürze ein. Ich ziehe mir die Decke über den Kopf, liege da, warte, während mein Herz schnell schlägt.

Da! Wieder macht ein Blitz alles hell, dann kracht der Donner. Ich bebe ein bisschen. Und plötzlich höre ich Mama an meinem Bett. „Lino", sagt sie, schiebt die Decke ein Stück zurück und fährt mir durchs Haar. „Alles in Ordnung mit dir?"

Ich liege ganz still, brumme ein schläfriges „Ja". Dabei bin ich hellwach und habe nichts dagegen, dass Mama noch bleibt. Dass sie sich auf meine Bettkante setzt, als der nächste Blitz zuckt und der Donner so laut hinterherkracht, dass man die Luft anhalten muss.

„Junge, Junge“, sagt sie, „so ein Gewitter hatten wir lange nicht mehr.“

Ich liege unter meiner Decke und rühre mich nicht. Versuche zu schlafen, während Mama noch bei mir sitzt. Immerhin ist es Nacht und Mama ist Mama, auch wenn sie friert. Trotzdem bleibt sie, bis ich nicht mehr merke, dass sie wieder geht.

Morgens, als ich aufwache, ist die Bettkante jedenfalls leer. Mama steht in der Küche und sagt gähnend: „Sieh nur, die Welt ist immer noch da.“

Ich reibe mir die Augen und stelle fest, Mama hat recht: Die Welt ist tatsächlich noch da. Die Straße, der Weg, selbst die Schule und alles ist vom Gewitterregen noch nass. Bleibt nass bis zum Mittag, dann kämpft die Sommersonne sich wieder durch. Die Welt trocknet und ich nehme mir vor, einen Moment wie gestern Abend und dann in der Nacht nicht wieder verstreichen zu lassen. Bei nächster Gelegenheit werde ich Mama nach dem Saxophon und der Gitarre fragen, so viel steht fest.

Die nächste Gelegenheit kommt so bald aber nicht. Wer stattdessen noch an diesem Tag kommt, ist einer, dessen Namen ich bereits kenne, dessen Haare nach allen Seiten wild abstehen und der mich angrinst, als ich ihm die Tür öffne, weil ich ja ahnungslos bin. „Oh!“, entfährt es mir nur und ich kann nicht anders, als mein Gesicht zu verziehen. „Mama!“, rufe ich und lasse ihn stehen, denn er kommt ja zu ihr. Ich drehe mich um und habe plötzlich ein Gefühl im Bauch, als hätte ich etwas Falsches gegessen.

Mamas Gesicht und ihr Bauch sehen nicht danach aus, als sie an mir vorbei zur Wohnungstür fliegt und ganz zu vergessen scheint, dass ich auch noch da bin. „Wie schön", sagt sie und lächelt.

Und dieser Hotte lächelt bestimmt zurück. „Ich war gerade in der Nähe", höre ich ihn sagen, „und ich dachte, vielleicht störe ich nicht."

„So kann man sich irren!", murmele ich, aber Mama geht einfach darüber hinweg. „Du störst nicht im Geringsten", sagt sie. „Wir lungern sowieso nur in unseren vier Wänden herum."

herumlungern *sich untätig irgendwo aufhalten*

„Dann könnte ein bisschen frische Luft doch nicht schaden", erklärt dieser Hotte und bringt gleich welche mit rein. Noch besser würde es mir gefallen, er würde sie wieder einpacken und gehen. Aber da hat Mama leider schon eine gute Idee. Das jedenfalls behauptet sie jetzt. Ich lasse mich natürlich nicht darauf ein. Denn was habe ich mit den beiden draußen bei einem Spaziergang verloren? Das können sie doch viel besser ohne mich tun. Abgesehen davon hatte ich heute schon genug frische Luft und noch mehr davon wäre bestimmt nicht gesund.

„Dann also bis später", höre ich Mama jetzt, die bereits in Spaziergehschuhen dasteht, und es klingt so fröhlich, dass es mir noch den letzten Rest meiner guten Laune verdirbt.

Warum darf dieser Hotte einfach hier auftauchen und sich mit Mama verziehen? Ohne vorher zu fragen? Schließlich hätte ich krank sein können, im Bett liegen, mit Fieber und Bauchkrämpfen und hätte ihre Pflege gebraucht. Und überhaupt. Mama müsste doch wissen, wie gern ich mit ihr noch mal zu den Tümpeln gehen würde, um Frösche zu fangen. Außerdem waren wir schon seit Ewigkeiten nicht mehr im Wald. Ich verziehe mich in mein Zimmer, die Tür bleibt einen Spalt auf und ich kann hören, wie die beiden sich auf den Weg machen und mich allein in der Wohnung zurücklassen. Habe ich Mama überhaupt schon erzählt, dass ich den Fallrückzieher jetzt kann?

Tümpel *kleiner See, Teich*

Fallrückzieher *Schuss, bei dem sich der Fußballspieler auf den Rücken fallen lässt und den Ball über seinen Kopf schießt*

Mein Türrahmen kriegt plötzlich einen wütenden Tritt ab. Ich stöhne auf, weil es in meinem Fuß brennt. „Scheiß Tür!“, fluche ich, aber weder der Tür noch dem Rahmen macht das etwas aus. Beide stellen sich sogar taub und ich kann mir sowieso denken, was daraus wird, wenn Mama mit diesem Pferdenamen spazieren geht.

Ich laufe durch den Flur in die Küche und von der Küche ins Bad, stehe mir plötzlich selbst gegenüber und strecke mir die Zunge heraus. „Affe!“, höre ich mich sagen. Und dann plötzlich: „Blödmann!“ Und schließlich: „Kamel!“ Ich sehe mich beinahe grinsen und habe plötzlich Sehnsucht nach Mauri.

„Hast du zufällig Zeit?“, frage ich ihn, als ich ihn kurz darauf schon an der Strippe habe.

Strippe *Telefon (umgangssprachlich)*

„Für dich ja wohl immer“, sagt er, und schon sause ich los und stehe wenig später bei ihm vor der Tür.

„Was ist denn passiert?“, will er wissen.

„Na was wohl?", erwidere ich. „Ich konnte es nicht länger aushalten, ganz ohne dich."

Mauri grinst. „Komm rein!", sagt er und wir gehen am Zimmer seiner Schwester Alina vorbei, aus dem laute Mädchenmusik dröhnt.

„Hast du Krach?", fragt mich Mauri, als er die Tür hinter sich schließt und wir es uns auf seinem Hochbett bequem gemacht haben, das wie der Aussichtspunkt von einer Burg oder einem Segelschiff ist.

„Quatsch", sage ich. „Eher das Gegenteil von einem Krach." Mauri guckt mich mit seinen dunkelbraunen Augen an. Ich seufze, fühle mich gleich schon viel besser und sage mir, dass es nicht den geringsten Grund dafür gibt, dass ich mich aufregen muss. Vielleicht will dieser Hotte ja gar nichts von Mama und sie nichts von ihm. Vielleicht mögen sie beide Fotoausstellungen und Sommerspaziergänge und damit genug. Vielleicht braucht dieser Hotte mal eine, mit der er reden kann, weil er sonst niemanden hat. Und wenn er denkt, er könnte sich bei uns einschleichen, dann denkt er jedenfalls falsch. Bei uns schleicht man sich nicht einfach so ein, dafür habe ich bisher immer gesorgt und werde mir auch diesmal, wenn es nötig sein sollte, etwas einfallen lassen.

Aufrecht sitze ich schließlich mit Mauri auf seinem Bett. Wie echte Seeleute, die in Seenot geraten sind und nicht mehr wissen, wo sie überhaupt sind.

„Der nächste Sturm", sage ich, „braut sich schon zusammen." Ich deute auf die andere Ecke des Zimmers und Mauri sagt nur: „Sehe ich selbst."

Wir sitzen da, halten Ausschau nach Land, aber weil weit und breit keines auftauchen will, machen wir uns bereit. Der Sturm peitscht heulend heran, meterhoch schlagen die Wellen, unser Schiff schaukelt darin und wir haben alle Hände voll damit zu tun, die Segel festzumachen, die Kisten, aber dann bricht der Mast. Ich klettere hoch, immer höher, kann mich nicht mehr halten, werde von einer Sturmböe erfasst und gehe über Bord, tauche tief ins kalte Wasser, komme prustend wieder hoch.

Sturmböe *starker Windstoß*

„Warte!“, schreit Mauri. „Ich fische dich raus.“ Er klettert an seiner Leiter herum und ich kämpfe in meinen Wellen.

„Schnell! Schnell!“, schreie ich plötzlich. „Hier sind Haie!“ Ich schlage um mich, habe es mit fünf angreifenden Haien gleichzeitig zu tun, da steckt Mauris Schwester Alina plötzlich den Kopf zur Tür herein.

„Was ist denn hier los?“, fragt sie und guckt erst auf mich, dann auf Mauri. „Seid ihr vollkommen durchgedreht oder was?“

Ich richte mich auf, kratze mich etwas verlegen hinter dem Ohr. „Kleiner Schwächeanfall“, murmele ich nur. „Ist schon so gut wie vorbei.“

Ein zweiter Mädchenkopf schiebt sich durch die Tür. „Wenn du dich schon mit einem kleinen Bruder und seinem Freund herumschlagen musst“, kichert der Kopf mit den langen blonden Haaren daran, „könntest du sie doch mal fragen, ob sie sich unseren Tanz angucken wollen, findest du nicht?“

„Die beiden fragen?“ Alina macht ein Gesicht, als hätte sie gerade den blödesten Vorschlag aller Zeiten gehört.

Ich richte mich auf. Mauri ist inzwischen von seinem Hochbett heruntergeklettert. „Wenn ihr unbedingt wollt“, sagt er, „machen wir es.“

Alina schnappt nach Luft und ich pflichte meinem Freund achselzuckend bei: „Ist für uns kein Problem!“

Alina ist schon aus dem Zimmer, aber im Flur bleibt sie noch mal stehen. „Wenn damit wenigstens euer Geschrei aufhört“, sagt sie, „schadet es ja vielleicht nicht.“

Wir folgen den beiden in Alinas Zimmer und sind tatsächlich still.

Alina schaltet die Mädchenmusik wieder ein. Wir warten und hören. Dann tanzen sie los, tanzen im Gleichschritt zur Musik und mir wird ganz anders davon. Weil ihre Haare jetzt fliegen und ich den Wind fast bis zu mir spüren kann. Und überhaupt tanzen sie gar nicht mal schlecht.

Ich lehne mich gegen die Wand, während ich ihnen zusehe, wie sie mit den Schultern kreisen, mit den Armen und Händen, wie schnell ihre Beine jetzt gehen, wie weich es irgendwie aussieht und immer gleich und im Takt. Alina trägt enge Jeans wie ihre Freundin Nadine.

„Ganz okay“, sagt Mauri, als das Stück zu Ende ist und die beiden sich atemlos zu uns umdrehen und fragen: „Und? Waren wir gut?“

Ich kaue auf meiner Lippe. „Ihr hättet noch viel schlechter sein können", sage ich dann.

Die beiden Mädchen gucken sich an, werfen ihre Haare zurück und erklären beleidigt: „Ihr habt uns sehr geholfen, vielen Dank."

„Klar." Mauri und ich sind schon fast bei der Tür. „Sagt Bescheid, wenn ihr uns wieder mal braucht."

Kurz darauf sitzen wir wieder auf Mauris Bett. „Mit unserer Band", sagt Mauri, „könnten wir sogar die Musik für sie machen."

Grinsend ziehe ich zwei Stöcke aus einer Sammelsurium-Kiste von Mauri hervor. „Das Wichtigste vom Schlagzeug besitzt du ja schon." Ich drücke ihm einen Stock in die Hand und wir probieren kurz mal was aus, bis Mauris Mutter kommt und sagt, dass sie von dieser Hämmerei Kopfschmerzen bekommt.

Sammelsurium *Ansammlung der verschiedensten Dinge*

„Das haben wir nicht gewollt", entschuldigen wir uns und versprechen leise zu sein. Wir reden, sitzen noch ein bisschen und lachen, und das nicht zu laut. Dann gehe ich wieder. Ich beeile mich, denn es ist spät geworden, längst Abendessenszeit und Mama weiß ja nicht, wo ich überhaupt bin. Schließlich habe ich ihr diesmal keinen Zettel geschrieben, weil zufällig kein Stift da war und außerdem auch kein Blatt und Mama ja sowieso anderes im Kopf hatte, nicht mich.

Als ich die Wohnung außer Atem erreiche, lege ich erst mal mein Ohr an die Tür. Drinnen kann ich sie reden hören, Mama und diesen Hotte. Immerhin sind sie also von ihrem Spaziergang zurück. Aber was will dieser Pferdefreund dann noch hier?

Ich zögere. Mich auf dem Absatz wieder umdrehen und gehen, kann ich ja wohl nicht, außerdem wohne ich hier. Und so drücke ich den Klingelknopf, warte, und als Mama die Tür öffnet, kann ich an ihrem Gesicht schon sehen, was jetzt kommt.

„Wo bist du gewesen?", fragt sie. „Du kannst doch nicht einfach losziehen, ohne dass ich weiß, wo du steckst."

„Wie hätte ich es dir sagen sollen?", entgegne ich nur und schiebe mich an ihr vorbei. „Du warst doch nicht da."

„Wie wäre es mit einem Zettel?"

Ich hole tief Luft, bin bereits in meinem Zimmer gelandet, noch während sie fragt. Stelle mich taub und stumm, bis sie mich ruft.

Dann sitzen wir alle drei da. Mama, dieser komische Hotte und ich. Sitzen und essen und ich sage nichts. Dafür sagen die beiden genug. Lachen. Und meine Antworten braucht Mama ja nicht. Schließlich hat sie dafür ihren Hotte und mich stört meine verloren gegangene Stimme beim Essen jedenfalls nicht.

# 5

Die verloren gegangene Stimme findet sich den ganzen Abend nicht mehr. Ich weiß auch nicht, aber vielleicht ist sie beim Essen versehentlich mit hinuntergerutscht. Mir fehlt sie im Moment jedenfalls nicht. Als Mama kommt und mich fragt: „Hast du deine Hausaufgaben erledigt?“, reicht ein Nicken als Antwort doch aus.

Und als sie fortfährt: „Dein T-Shirt ist dreckig, nimm dir für morgen ein frisches“, sage ich dazu auch keinen Ton, sondern gehe nur zum Schrank und wühle darin.

„Lino!“, versucht Mama es wieder, folgt mir und will mir mit der Hand über den Nacken streichen, aber ich schiebe sie weg.

„Bleibt dein Hotte noch lange?“, würde ich gern fragen. Aber erstens bin ich ja stumm und zweitens kenne ich die Antwort sowieso. Er bleibt und sitzt ja noch nebenan und ich kann den Korken hören, den er schon mal aus der Weinflasche zieht.

Mama schickt mich ins Bad. Ich gehe, und als sie mir folgt, schicke ich sie wieder weg, denn ins Bett schaffe ich es allein, auch wenn ich finde, dass sie nicht gleich wieder zu ihrem Hotte flitzen muss, den sie doch den ganzen Abend noch für sich hat.

Ich brauche lang, bis alle meine Zähne blitzblank sind, bis meine Hände und Ohren gewaschen und sämtliche Fingernägel gestutzt sind.

stutzen
*hier: schneiden*

Dann liege ich in meinem Bett, will mir die Decke über den Kopf ziehen, als Mama plötzlich wieder da steht. „Brauchst du noch was?", will sie wissen.

„Nein", sage ich und bin selbst überrascht, dass die Stimme es anscheinend noch tut. „Das heißt ja." Ich halte inne. Mama sieht mich erwartungsvoll an. Sie ist ein bisschen rot im Gesicht und am Hals hat sie Flecken, die sie bekommt, wenn sie aufgeregt ist. „Und?"

Ich antworte nicht gleich. Gucke von ihr weg, hole tief Luft und fange dann von der Gitarre und dem Saxophon an. Weil Mauri, wie ich ihr sage, vielleicht ein Schlagzeug bekommt und immerhin schon die Stöcke dafür besitzt und außerdem eine Schwester und ich besitze ja nichts.

„So." Mama seufzt. Einen Augenblick sieht es so aus, als wolle sie sich zu mir aufs Bett setzen und mich an sich drücken. Aber zum Glück lässt sie es sein. „Ich werde darüber nachdenken", sagt sie und lächelt.

Ich hole tief Luft. Und um ein Haar lächele ich auch. Wenn man eine Gitarre oder ein Saxophon in Aussicht gestellt bekommt, rutschen einem die Mundwinkel schon mal kurz weg. „Jedenfalls gründen wir bald eine Band."

„Wer? Etwa Mauri und du?"

„Wer denn sonst?" Ich verschränke die Arme hinter dem Kopf. „Zwei, drei andere suchen wir uns vielleicht noch. Mädchen allerdings nicht." Ich verziehe das Gesicht, als hätte ich es mit Ungeziefer zu tun.

„Na hör mal!", lacht Mama und es klingt fast erleichtert, während sie an meiner Decke herumzupft. „Wieso können Mädchen das nicht?"

Ich mache erst gar nicht den Versuch, ihr das zu erklären. Schließlich war sie doch selber mal eins und gehört zu dieser Sorte Menschheit dazu. Wie also sollte sie es verstehen?

„Reden wir morgen noch mal, ja?", sagt Mama und drückt mir, als ich nicht aufpasse, schnell einen Kuss auf die Stirn. „Und jetzt schlaf gut." Sie löscht das Licht.

Ich rolle mich unter meiner Decke zusammen wie ein Paket. Ich weiß nicht genau, was sie mit ihrem Reden überhaupt meint. Die Sache mit den Mädchen oder die Band? Dabei ist es egal und von mir aus rede ich mit ihr auch mal über Jungenangelegenheiten. Weil es vielleicht nicht immer etwas macht, wenn sie selbst davon nichts versteht. Immerhin können manchmal die lästigsten Gäste vorübergehend von Nutzen sein für einsame Söhne wie mich. Wenn sie die Mütter zum Spazierengehen abholen und abends immer noch nicht wieder gehen und die Mütter vor lauter schlechtem Gewissen Gitarren kaufen müssen. Und Saxophone. Und überhaupt vielleicht noch ein Klavier oder ein Keybord, dann jedenfalls wäre die Band fürs Erste komplett.

Keybord *Tasteninstrument mit elektronischer Verstärkung*

Ich drehe mich von der einen auf die andere Seite und schlafe nicht ein. Weil ich an Mauris Gesicht denken muss, das er machen wird, wenn er davon erfährt.

„Was für ein Glück, dass deine Mutter wieder einen Neuen hat", wird er sagen. „Und hoffentlich behält sie ihn auch, bis sämtliche Instrumente gekauft worden sind."

Ich gähne und versuche, mich allmählich müde zu kriegen, was nicht gleich gelingt. Auch wenn es mir nichts mehr ausmacht, dass Mama mit ihrem Hotte nebenan sitzt. Jedenfalls fast nichts mehr und lieber wäre mir, sie stünden vom Sofa bald wieder auf.

Meine Ohren sind immer noch bis hoch zum Kopfkissen gespitzt, aber sie hören nichts mehr, keinen Mucks. Ob dieser Hotte gegangen ist?

Ich beiße mir auf die Lippe. Zu blöd, dass ich meine Ohren nicht abschalten kann. Und meinen Kopf, denn eigentlich interessiert es mich nicht.

Wenn ich nur nicht plötzlich noch mal dringend aufs Klo müsste. Ich müsste dringend, aber das geht doch jetzt nicht. Obwohl ...

Bevor ich in meiner Not noch die kleine Zimmerpalme beglücke, die auf der Fensterbank steht, schlage ich die Bettdecke zurück und schleiche auf Zehenspitzen zur Tür. Sachte öffne ich sie und bin froh, dass sie ausnahmsweise nicht quietscht. Lautlos bewege ich mich durch den Flur, kein Mucks ist von mir zu hören, kein Knacken der Dielen, weil ich schleichen kann wie ein Indianerhäuptling. Vor der Klotür bleibe ich kurz noch mal stehen, spitze die Ohren, husche dann aber hinein, weil ich erledigen muss, was nun mal zu erledigen ist, dann stehe ich wieder im Flur.

Jetzt höre ich Mamas Lachen aus dem Wohnzimmer. Dann Hottes Stimme, die tief klingt, fast wie ein Bass. Aber na und? Ich habe etwas dagegen, dass

Bass
*hier: tiefste Stimmlage der Männer*

dieser Bass seine Lippen vielleicht gleich auf Mamas drückt, und außerdem ist es gemein und sie sollen gefälligst woandershin gehen.

Mein Herz klopft, als ich mich mitten hinein ins Wohnzimmer wage, in dem ich doch wohne, nicht er. Die beiden sitzen nah nebeneinander und gucken sich an, Kerzen brennen, zwei Gläser Wein stehen auf dem Tisch, und als sie mich bemerken, blicken sie wie ertappt auf.

„Lino!", sagt Mama und die roten Flecken an ihrem Hals sind immer noch da. „Wieso schläfst du nicht? Ist denn noch was?"

„Klar ist noch was", murmele ich. „Zum Beispiel brennt es an meinem Zeh und außerdem ist mir irgendwie schlecht." Ich verdrehe die Augen und bleibe vorsichtshalber mal stehen.

„Dir ist schlecht", seufzt Mama und rückt ein kleines Stück von Hotte weg.

„Schlecht und irgendwie schwindelig", fahre ich fort und halte mich wie zum Beweis an der Türklinke fest.

Mama kommt zu mir, während Hotte bleibt, wo er ist. Sie fasst kurz nach meiner Stirn und schüttelt den Kopf. „Ich hol dir noch was zu trinken", sagt sie. „Dann gehst du wieder ins Bett. Dorthin gehört man nämlich, wenn man Bauchschmerzen und Schwindel im Kopf hat." Es klingt beinahe so, als glaubte Mama mir nicht, und für einen Augenblick überlege ich, ob ich deutlicher machen muss, wie schlimm es in Wirklichkeit um mich steht. Aber weil Mama mit einem

Glas Cola ankommt, überlege ich es mir anders und trinke mein Glas in einem Zug leer. Cola habe ich gegen Bauchschmerzen noch nie von Mama gekriegt.

„Also!“, sagt sie jetzt. „Geh schlafen!“ Sie sieht mich mit so festem Blick an, dass ich nicht anders kann, als mich ein wenig schwankend umzudrehen und wieder zu gehen. Dabei hatte es gerade angefangen, mir hier im Wohnzimmer zu gefallen, und genau genommen könnte mein Bauch gern noch etwas mehr Cola vertragen. Cola schadet nie, auch wenn Mama sonst immer das Gegenteil behauptet.

Als ich im Bett liege, denke ich darüber nach, ob ich nicht doch schnell noch mal aufstehen soll. Bevor es nebenan wieder so verdächtig still wird und die beiden sich vor lauter Kerzenschein immer näher rücken müssen, bis sie schließlich so dicht aneinandersitzen, dass sie gar nicht mehr anders können, als sich zu küssen.

Ich reiße mir die Decke über den Kopf, versuche an alles Mögliche zu denken, nur nicht daran, was sich vielleicht gerade nebenan im Wohnzimmer abspielt. Vielleicht sollte ich es mit einem kleinen Erstickungsanfall probieren? Die Tür einen Spalt öffnen und röcheln, als ginge es gerade um Leben und Tod. Vielleicht muss ich ja auch gleich noch mal aufs Klo. Wegen all der Cola, die ich von Mama gegen all den Schwindel verabreicht bekommen habe, und weil mir trotzdem noch schlecht ist. Schlechter als schlecht. Vielleicht kriege ich sogar einen Ohnmachtsanfall vor der Wohnzimmertür hin.

röcheln
*keuchend atmen*

Ich komme unter meiner Decke wieder hervor und schnappe nach Luft.

Mauri, denke ich, der hat es gut. Auch wenn er es schwer hat mit seinen Eltern und seiner Schwester Alina. Aber wenigstens ist ihm nicht schlecht und er kriegt auch genug Luft, weil er niemanden nebenan sitzen hat, der dort nicht sitzen soll. Auch nicht stehen und seine Arme um Mama legen.

Traurige Müdigkeit überfällt mich, auch wenn der Gedanke an die Gitarre, die vielleicht bald für mich drin ist, mich trösten kann und mich davon abhält, noch mal aus dem Bett zu springen und ins Bad zu laufen, um dort ein kleines Badefest zu feiern, einfach nur so. Irgendwann schlafe ich dann auch ein und habe morgens, als ich wieder wach werde, nicht die geringste Erinnerung an einen Traum.

Dafür sehe ich auf dem Weg ins Bad aber gleich dieses fremde Paar Schuhe neben meinen stehen, sehe die Jacke dort hängen, die Hotte gehören muss.

Ich stoße mit der Schulter dagegen und kann nicht verhindern, dass sie auf den Boden fällt, wo sie liegen bleibt. Danach bücken werde ich mich jedenfalls nicht.

Auf dem Frühstückstisch steht Orangensaft, Obstsalat und gebratenes Ei. Das Radio läuft und Mama macht ein Gesicht, als wäre heute Sonntag, aber davon weiß ich nichts.

Ich schaffe es gerade, mir ein Stück Brot in den Mund zu schieben, da kommt Hotte mit unrasiertem Gesicht an, schiebt sich die Zipfel von seinem Hemd in die Hose und setzt sich an den Tisch, als sei es das Selbstverständlichste von der Welt und als hätte er es schon tausendmal so gemacht. „Na“, sagt er, „du Ärmster musst in die Schule, nicht wahr?“

Ich kaue auf meinem Brot, trinke einen Schluck Kakao aus meiner Tasse. Zum Antworten ist mein Mund zu voll. Außerdem ist die Frage ja wohl mehr als überflüssig, denn was soll ich auch sonst müssen? Ins Schwimmbad gehen vielleicht oder auf den Eiffelturm klettern? In die Schule muss jeder, und was daran arm sein soll, wüsste ich gern. Schließlich geht man hin, um etwas zu lernen, aber vielleicht weiß dieser Hotte das nicht.

Eiffelturm *Aussichtsturm in Paris*

Gerade will ich aufspringen, weil ich schließlich noch etwas vorhabe, da stoße ich ganz aus Versehen meine noch halb volle Kakaotasse um. Der Kakao läuft über den Tisch und tropft von dort direkt auf Hottes Bein.

„Oh!“, sage ich nur. Mehr fällt mir nicht ein. Und außerdem ist es sozusagen ohne Absicht passiert und was kann ich denn dafür, wenn Hotte ausgerechnet da sitzen muss, wo der Kakao vom Tisch tropft?

„Lino!“, schimpft Mama. Sie schnappt sich ein Tuch und wischt an Hottes Hose herum. „Was soll das schon wieder?“

Ich weiß nicht, was sie meint. Als ich im Flur meine Schuhe anziehe, kann ich hören, wie Hotte zu Mama sagt: „Lass ihn doch. Den Fleck kriege ich schon wieder weg.“

Mama schnauft.

Aber als meine Schuhe gerade fertig zugeschnürt sind, steht sie bei mir, schüttelt den Kopf und sagt nur: „Du brauchst noch dein Brot.“ Sie drückt mir die Dose in die Hand. Ich packe sie weg. Mama bringt mich zur Tür, zupft an den Knöpfen meiner Jacke herum, als könnte ich das mit dem Zuknöpfen nicht längst allein. „Bis heute Mittag“, sagt sie und versucht es zum Glück heute erst gar nicht mit einem Kuss. „Und außerdem ...“ Sie hält inne. „Außerdem gibt es ja auch noch etwas zu besprechen für uns.“

Ich horche auf. „Stimmt.“ Ich hole tief Luft, dann sause ich los. Damit Mama nicht meint, alles sei gut. Denn so schnell ist es nicht gut, auch wenn es besser ist mit dem Gedanken an eine Gitarre, an ein Saxophon, an Mauri und mich und die Band.

Die Straße bis zur Ecke, wo Mauri wahrscheinlich schon steht, lege ich im Laufschritt zurück.

„Bin ich froh, dass ich wenigstens dich hab“, empfängt er mich seufzend und erzählt, dass bei ihm zu Hause wieder dicke Luft war. Diesmal wegen seiner Mutter, die in den Ferien unbedingt nach Dänemark will. „Aber nach Dänemark, hat mein Vater gesagt, kriegt sie ihn nicht hin, wenn schon, dann nach Rom. Das will meine Mutter aber wieder nicht und sie hat gesagt, sie fährt sowieso am besten allein.“

„Oh!“, sage ich nur und gucke Mauri zum wiederholten Mal mitleidig an. „Und was ist mit dir? Und mit deiner Schwester? Wohin wollt ihr?“

„Keine Ahnung. Am liebsten würde ich mit dir irgendwohin fahren.“

Wir überqueren die Straße. Ich schiebe die Hände in die Hosentaschen und sage: „Eines Tages ziehen wir los, du und ich, mit unserer Band."

Mauri nickt und fügt seufzend hinzu: „Dann schlafen wir gleich hinter der Bühne oder unter freiem Himmel, immer da, wo es uns gerade gefällt."

Wir biegen um die Ecke und von Weitem ist unsere Schule zu sehen. Ich zögere noch. Aber weil Mauri Trost braucht und ich irgendwie auch, rücke ich damit raus, dass es wahrscheinlich bald eine Neuigkeit gibt.

„Ach?", sagt Mauri. „Und die wäre?"

Ich zucke vielsagend die Achseln. „Hat mit unserer Band zu tun", erwidere ich, „und mit dem schlechten Gewissen, das meine Mutter neuerdings hat."

Mauri guckt mich verständnislos an. „Heute Nachmittag im Freibad", verspreche ich ihm, während wir durchs Schultor schlüpfen und die Treppe hinauf, „weiß ich vielleicht mehr. Und wahrscheinlich ist auch nicht nur eine Neuigkeit drin."

Mauri guckt mich an, als sei ich der Weihnachtsmann höchstpersönlich. „Erzähl schon!", sagt er.

Aber ich vertröste ihn damit, dass mittags nach der Schule noch eine wichtige Besprechung stattfinden muss.

„Mit wem?", will Mauri wissen. „Und worüber?"

„Warte es nur ab!", sage ich und leider müssen wir uns dann dem Schulunterricht widmen. Und müssen mittags so schnell wie möglich nach Hause, um uns bald ja schon wiederzusehen.

sich etwas widmen *sich mit etwas beschäftigen*

„Schieß los!“, empfängt Mauri mich geschlagene zwei Stunden später bei den Fahrradständern vor dem Freibad. „Noch länger warte ich nämlich nicht.“ Er tritt von einem aufs andere Bein und schnappt nach Luft.

Ich lasse mir Zeit. Denn genau davon hat auch Mama bei unserer Besprechung gesprochen. Und dass ich erst mal eine Art Probeunterricht nehmen soll, weil man ein teures Instrument eben nicht schnell mal so kauft. Auch wenn sie sich freut, dass ich Musik machen will. Und ich das Wichtigste bin, was sie hat.

„Die Gitarre“, füge ich, als ich Mauri alles erzählt habe, schließlich hinzu, „haben wir wohl so gut wie sicher. Schließlich brauche ich einen kleinen Schadenersatz, wenn wieder mal einer bei uns auftaucht, den ich gar nicht will.“

Mauri kaut auf seiner Lippe. Ich kaue auch. So fest, dass es fast wehtut. Wir schließen unsere Fahrräder ab und drängeln uns in das Getümmel im Freibad. In der Sammelkabine ziehen wir uns um. Mauri und ich, wir kennen uns ja und müssen auch nichts voreinander verbergen. Dann sausen wir los und springen mit weiten Sätzen ins Wasser. Wir schwimmen, als ginge es gerade um die Weltmeisterschaft, tauchen und prusten, weil uns immer wieder jemand im Weg ist, und entdecken auf der anderen Seite des Beckens plötzlich Lilli und Lena, die in der Klasse gleich hinter uns sitzen.

Getümmel *hier: Durcheinander vieler Menschen*

„Los“, ruft Mauri, „schwimmen wir doch mal hin!“

Kurz vor ihnen tauchen wir ab und alles unter Wasser klingt dumpf. Ich sehe Füße vor mir. Bekomme einen von ihnen zu fassen, ziehe daran, während oben jemand wild um sich schlägt. Und laut schimpft.

Ich lasse den Fuß wieder los, tauche auf, pruste und sage grinsend: „Tut mir leid, war nur ein Versehen."

Lilli kriegt meinen Kopf zu fassen und drückt mich unter Wasser. Ich schlucke, kämpfe, und als ich wieder auftauche, sagt sie: „War halb so wild!"

Ich huste und grinse und sie grinst zurück, denn wir sind wieder quitt. Zum Glück ist sie nicht eine von denen, die gleich die Beleidigte spielt.

quitt sein *einen Ausgleich erreicht haben*

Ihr Gesicht ist nah vor meinem, dann taucht sie ab, bis nur ihre Beine und Füße noch aus dem Wasser herausragen. Wie eine Nixe kommt sie mir vor, zusammen mit Lena, die es ihr nachmacht. Ich schwimme währenddessen mit Mauri um die beiden herum.

Nixe *Meerjungfrau*

„Pause!", schnauft Lena, als sie wieder auftaucht. Und Lilli japst: „Ich komme mit."

Ich bleibe mit Mauri noch ein bisschen im Wasser, springe mit ihm vom Einmeterbrett, dann vom Dreier. Und ich wage sogar einen Kopfsprung und gucke nicht zu Lena und Lilli und ihren Badetüchern am Ende der Wiese hin. Hoffe nur, dass sie vielleicht zufällig zu mir und dem Dreimeterbrett gucken, als ich es gleich noch mal probiere. Weil ich den Kopfsprung gut kann. Später noch einen. Und übrigens auch eine Drehung. Springen vom Dreier macht Spaß. Wäre der Fünfer offen, würde ich es auch von da oben probieren. Mit dreifachem Salto und zwölffacher Schraube dazu.

Salto *Sprung, bei dem man sich in der Luft überschlägt*

Schraube *hier: Sprung, bei dem man sich wie eine Schraube dreht*

„Was du willst, weiß ich ja nicht“, sagt Mauri nach einer Zeit, „aber ich brauche jetzt erst mal ein Eis.“

Ich zögere. Lege noch schnell einen letzten Sprung hin, komme mit dem Po unglücklich auf und alles brennt und ist wahrscheinlich knallrot. Aber zum Glück ist meine Badehose darüber, da sieht man es nicht.

Ich folge Mauri quer über die Wiese und mit Eis kehren wir zu unseren Badetüchern zurück. Lilli und Lena kann ich mit zwei Jungen aus unserer Schule da sitzen sehen. Die Jungen sind zwei Klassen weiter als wir. Ich beschäftige mich mit meinem Eis, das ich schnell essen muss, weil es in der Hitze gleich wegschmelzen will. Als ich dann aber doch kurz noch mal aufblicke, über die vielen Badeanzüge, Schwimmhosen, Bälle, Decken, Taschen und Tücher hinweg zu Lilli, Lena und den beiden Jungen hinüber, ist nichts mehr von ihnen zu sehen und auch ihre Sachen sind weg.

„Wo sind sie hin?“, fragt Mauri, der anscheinend auch rübergeguckt hat. Wir suchen mit den Augen die ganze Wiese und das Schwimmbecken ab.

„Wer weiß“, sagt Mauri und ich vergesse vorübergehend mein Eis, „vielleicht haben die Jungen sie gerade entführt und wir sind die Einzigen, die davon wissen.“ Er grinst und ich fluche über mein tropfendes Eis, lecke eilig wieder daran, verkneife mir das Grinsen und murmele nur: „Quatsch.“ So schnell lassen sich zwei Mädchen von zwei Jungen schon nicht entführen. Vor allem nicht mitten in einem Freibad.

Und wenn doch, dann können wir natürlich mal nachsehen gehen. Kostet ja nichts. Wenn es sein muss, helfen Mauri und ich, und manchmal auch gern.

„Lass uns mal gehen", schlage ich Mauri vor, der gleich aufspringt und sich suchend umblickt. „Geschwommen sind wir doch genug."

Wir packen unsere Badesachen zusammen. Meine Finger kleben vom Eis, aber wir sollten keine Zeit mehr verlieren. Denn wenn Lilli und Lena tatsächlich entführt worden sind, wartet garantiert niemand, bis ich mir die Hände gewaschen habe.

Vor dem Freibad ist jede Menge los. Die Fahrradständer sind bis zum letzten Platz voll. Dicht an dicht

sind die Autos die ganze Straße hinunter geparkt. Dazwischen tummeln sich Leute.

sich tummeln *hier: herumlaufen*

Wir suchen und recken die Hälse, gehen ein Stück, bleiben stehen. „Die finden wir nie", sagt Mauri.

Ich nicke. „Müssen wir vielleicht ja auch nicht", überlege ich. „Sonst denken sie noch, wir laufen ihnen nach."

Mauri zeigt mir einen Vogel, obwohl er eigentlich Lilli und Lena damit meint. „Darüber lache ich doch", sagt er, was er aber nicht tut.

Endlich entdecken wir unsere Fahrräder in dem Gewühle und können uns von hier verziehen.

„Mädchen", sagt Mauri und tritt in die Pedale. „Zum Glück haben wir nichts mit ihnen zu tun."

Wir biegen um die Ecke und der Schreck fährt mir heiß in den Kopf. Auf der anderen Straßenseite stehen Lena und Lilli mit den beiden Jungen und alle vier essen Eis. Am liebsten würde ich auf der Stelle umkehren oder unsichtbar werden oder einfach jemand ganz anderes sein.

„Na", rufen sie im selben Moment aber auch schon. „Ihr seid ja doch noch aufgetaucht." Sie lachen und wir zucken nur mit den Achseln, fahren weiter und tun uns leid dafür, dass wir sie morgen früh ja schon wieder sehen müssen. Wie überhaupt all die Mädchen, die es in unserer Klasse gibt. In der Schule, auf der Straße, in den Bussen, überall begegnen sie einem und man wird sie nicht los.

„Eines Tages", sagt Mauri, kurz bevor unsere Wege sich für diesen Tag trennen, „bekommen wir es dafür nur noch mit schönen Sachen zu tun."

# 6

Mama hat in den nächsten Tagen wieder diesen Blick, bei dem man schon weiß. Ich jedenfalls weiß, dass ich manche Sätze dreimal sagen muss, bis sie sie hört. „Bist du mit deinen Gedanken wieder woanders?“, frage ich dann und brauche erst gar keine Antwort von ihr. Wo sie mit ihren Gedanken wieder ist, weiß ich sowieso. Und wie er heißt, weiß ich auch. Und dass sie mit ihm ins Kino geht, manchmal. Die Schuhe stehen dann anschließend bei uns im Flur und seine Jacke hängt da und manchmal stoße ich dagegen und sie fällt runter und ich gucke weg. Sein Rasierzeug ist mir auch schon versehentlich in den Mülleimer gerutscht. Aber er hat nichts gesagt. Hat es einfach auf die Ablage zurückgestellt und auch der Pfeffer in seiner Jackentasche hat ihn nicht weiter gejuckt. Dabei habe ich fast die ganze Tüte verbraucht. Aber gut. Wenn es sein muss, werde ich auch noch eine Tube Senf in seine Schuhe schmieren. Oder die Luft aus seinen Reifen herauslassen, wenn er wieder mit dem Fahrrad kommt. Oder überhaupt ihm gleich das Essen vergiften. Damit er nicht mehr kommen und grinsen kann, wenn er mich sieht.

jucken *hier: etwas ausmachen*

Ich grinse nicht, aber das ist ihm wohl egal. Denn sobald er Mama sieht, kriegt er gleich wieder diesen Blick, bei dem ich mich nur abwenden kann. Weil ich sowieso weiß, dass ich überflüssig bin. Wenn sie sich umarmen und küssen und alles vergessen, auch mein langes Gesicht und all die Katastrophen und Krankheiten auf dieser Welt.

Wenn die beiden sich küssen, dann denken sie nur noch an sich und ich kann hören, wie er „meine Süße“ zu ihr sagt und sie zu ihm „mein Herz“.

Zum Mäusemelken ist das und ich finde, sie spinnen. Außerdem stehen sie mir während ihrer Küsserei immer wieder im Weg, und in Luft auflösen kann ich mich ja wohl nicht.

etwas ist zum Mäusemelken *Redensart für: etwas ist zum Verrücktwerden*

„Lasst euch nicht stören“, sage ich dann, stehe daneben und gucke solange in die Luft. Gucke mir die Spinnweben an der Decke an. Verfolge Risse in der Tapete. Gucke schließlich auf meine Schuhe. Betrachte die Bilder an der Wand. Sämtliche Gegenstände im Regal. Gucke dann wieder auf meine Schuhe. Auf die Spinnweben an der Decke. Betrachte die Bilder an der Wand. Und habe irgendwann ein Kitzeln in der Nase. Und muss außerdem husten. Aber das stört die beiden immer noch nicht. Die haben nur noch Augen für sich. Augen und Ohren. Und wenn ihnen nach einer halben Ewigkeit einfällt, dass ich noch da stehe, weil sie mir den Weg versperren und ich nicht anders kann, gucken sie mich an, schütteln die Köpfe über sich selbst und Mama sagt seufzend: „Lino! Du Ärmster! Was machst du mit uns nur alles mit.“ Und sie verspricht mir, morgen mit mir in die Stadt zu gehen, um eine neue Jeansjacke zu kaufen. „Wäre das was?“

Ich will abwinken, aber eine neue Jeansjacke wäre nicht schlecht. Und außerdem immerhin schon ein Anfang. „Mal sehen“, murmele ich daher und ziehe am nächsten Tag tatsächlich mit Mama los. Nur wir zwei.

Es ist warm, die Sonne scheint und wir schlendern durch die Stadt und probieren ungefähr zehn Jacken aus. Bis ich die habe, die mir gefällt. Dann kriege ich auch noch ein Paar Schuhe. Und Mama kauft sich noch schnell einen Rock. Fast ist es wie früher. Ich meine, bevor dieser Hotte sich bei uns breitgemacht hat.

Als wir zu guter Letzt sogar noch im Straßen-café sitzen und Limonade trinken, kriege ich einen Schreck. Weil ich von Weitem einen entdecke, der aussieht wie Hotte. Mit seinen abstehenden Haaren, einem viel zu großen Hemd und der alten Jeans, die er meistens trägt.

Mama reckt schon den Hals. „Was ist los?", will sie wissen. „Wo starrst du die ganze Zeit hin?"

Ich schwitze und antworte nicht, stelle schließlich zu meiner Erleichterung fest, dass ich mich geirrt habe. Jedenfalls stürmt kein Hotte auf uns zu und Mama wird an diesem Tag auch nicht mehr geküsst. Mama gehört an diesem Tag nur mir allein. Und wäre ich nicht längst viel zu alt, so würde ich ihr sogar erlauben, dass sie den Arm um mich legt, während wir mit all unseren Tüten nach Hause zurückkehren und Witze dabei erzählen und lachen, weil man das mit Mama immer noch kann.

Erst zu Hause denke ich dann wieder an die Gitarre, die ich vielleicht noch bekomme, an das Saxophon und unsere Band. Aber als ich gerade noch mal vorsichtig nachfragen will, klingelt das Telefon und

Mama geht ran. Und kommt so bald auch nicht wieder zurück. Weil sie redet und redet und kichert und ich weiß auch, mit wem. Zwischendurch flüstert sie nämlich, aber meine Ohren sind gut, auch wenn ich nicht jedes Wort verstehen kann. Was ich verstehe, genügt und hat wieder jede Menge mir ihrem Herzallerliebsten zu tun.

Ich bin froh, dass ich meine Jeansjacke habe. Und mein neues Paar Schuhe. Und natürlich Mauri, denn der ist mein Freund und trifft sich mit mir zum Fußball, zum Fahrradfahren und überhaupt.

Am nächsten Tag gucken wir uns in der Schule die Proben für das neue Theaterstück an. Lilli und Lena spielen mit.

Als vornehme Frauen verkleidet müssen sie über die Bühne stolzieren und Lilli muss Lena fragen: „Ist Ihnen auch so sonderbar zumute wie mir?“

„Ja, ja“, muss Lena antworten, „da liegt etwas in der Luft.“

Auf Schuhen müssen sie dabei gehen, die so hohe Absätze haben, dass ich mich frage, wie sie es schaffen, nicht hinzufallen. Aber irgendwie schaffen sie es. Und ich bin nur froh, dass ich nicht an ihrer Stelle bin und eine Frau spielen muss. Denn erstens bin ich es nicht und zweitens wüsste ich auch nicht, wie es geht, und drittens interessiert es mich ja auch nicht. Ich habe genug damit zu tun, ein Junge zu sein, der es nicht leicht hat und sich bald noch mal etwas ausdenken muss. Etwas, was eklig ist und gemein und glitschig und bissig und in anderer Leute Betten hineinpasst und selbst diesen Hotte in Angst und Schrecken versetzt.

Aber bevor es dazu kommt, dass ich mich am Bach näher umsehen kann, sitzt dieser Hotte abends wieder bei uns und erklärt: „Ich hab dir etwas mitgebracht."

Im ersten Moment denke ich: Der meint doch nicht mich. Aber er meint mich, denn er sieht mich an, während er eine Kassette aus seiner Jackentasche hervorzieht und fragt: „Hast du einen Rekorder?"

„Was denkst du?" Ich springe nicht sofort auf, sondern lasse mir Zeit. Aber irgendwann bin ich mit Hotte vor meinem Zimmer angekommen und lasse ihn tatsächlich hinein, zeige ihm meinen Kassettenrekorder, der etwas versteckt im Regal zwischen Büchern aufgebaut ist.

„Deine Mutter hat mir erzählt, dass du dich für Rockmusik interessierst", sagt Hotte und schiebt die Kassette vorsichtig ein.

Ich horche auf. „Stimmt", erwidere ich und bleibe vorsichtshalber mal stehen, während Hotte sich setzt. Rockmusik habe ich selbst und weiß ja auch, wo ich mir noch mehr ausleihen kann, alte Sachen und so, weil auch Mauris Vater manchmal Rockmusik hört.

Hotte sagt nichts mehr. Sitzt nur da, wartet und hat ein Gesicht dazu aufgesetzt, bei dem ich nicht so recht weiß. Ich meine, denkt er, mit ein bisschen Rockmusik kann er sich einschleimen bei mir?

Das erste Stück läuft und kommt mir nicht besonders bekannt vor. Ich verschränke die Arme, während die Musik wilder wird und gar nicht mal schlecht.

Mauri würde sie wahrscheinlich gefallen und vielleicht wird unsere eines Tages auch mal so sein.

„Ich war meistens an der Gitarre", seufzt Hotte jetzt und guckt dabei auf den Kassettenrekorder, der das nächste Stück spielt. „An der E-Gitarre, versteht sich. Gesungen habe ich auch." Er hält einen Moment inne und ich blicke in dieses seltsame Grinsen, das gleich wieder verschwindet. „Erkennst du mich nicht?"

E-Gitarre *Gitarre, die elektronisch verstärkt wird*

Ich brauche einen Moment, bis ich kapiere. „Du meinst ...?" Ich verschlucke mich fast. „Der Sänger bist du?" Ich will die Frage gar nicht aussprechen, aber nun ist sie raus und die Antwort haut mich glatt um. Denn Hotte grinst übers ganze Gesicht, nickt und ich wende meinen Blick schnell wieder ab, weil es doch schließlich um die Musik geht, nicht um ihn, obwohl ... „Die Gitarre", frage ich halblaut, „spielst du etwa auch?"

„Stell dir vor", sagt Hotte und ich schnappe nach Luft, beiße mir auf die Lippe, höre nur noch auf das, was aus dem Rekorder heraus mein Zimmer ausfüllt, kann nicht anders als hören, während Hotte dasitzt und es ebenfalls tut.

„Hättest du mir gar nicht zugetraut, was?", fragt er nach einer Weile. Und ich sage: „Ooch."

Hotte lacht, fährt sich über seinen Drei-Tage-Bart, der bestimmt kratzt, was aber Mamas Problem ist, nicht meins, und er sagt: „Ist ja auch schon eine Ewigkeit her."

„Wie lange?", frage ich. Denn fragen kann man ja mal. Und sich hinsetzen, nachdem man lange genug gestanden hat und das Bett außerdem das eigene ist. Hotte ist ja nur zu Gast.

Er zählt mit den Fingern rauf und wieder runter, schüttelt sich plötzlich und lacht. „So lange, dass es schon fast nicht mehr wahr ist“, sagt er, steht plötzlich auf, verschwindet nach draußen und ich denke: Was ist denn jetzt? War etwas an meiner Frage nicht gut?

Noch während ich darüber nachdenke, kommt Hotte zurück. Und ich falle fast von meinem Bett. Denn was er mitbringt, ist eine E-Gitarre, und die ist zufällig echt.

„Halt mal!“, sagt er und drückt sie mir auch schon in die Hand. Dann verschwindet er wieder.

Ich sitze da mit seiner Gitarre, während er auch noch ein Kabel und einen Verstärker in mein Zimmer schleppt. Der Kassettenrekorder läuft weiter. Hotte schließt seine Gitarre an, dann stimmt er in das Stück aus dem Rekorder ein und man sieht und hört gleich, dass er es kann.

Mir läuft eine Gänsehaut über den Rücken. Und ich glaube, ich kriege auch meinen Mund erst mal nicht zu. So genau weiß ich das nicht, denn ich kann nur auf Hottes Hände gucken und auf seinen Mund, der schließlich zu singen anfängt.

Was der alles kann! Und ich habe nicht das Geringste davon gewusst, dabei ist Rockmusiker zu werden doch zufällig mein Traum und der von Mauri. Und Hotte ist Mamas Freund, aber jetzt steht er in meinem Zimmer und ist halb versunken in seine Musik, die auch ein bisschen meine Musik ist.

„Die Stones", sagt er jetzt, „habe ich immer gemocht." Er spielt wieder und singt und ich frage mich, ob ich schnell zum Telefon rennen und Mauri anrufen soll, um ihm zu sagen: „Komm sofort her!" Aber ich mache es nicht, denn ich bleibe auf meinem Bett sitzen, weil ich nur gucken und auf das hören kann, was Hotte spielt. „Eric Clapton", sagt er jetzt, „kennst du doch bestimmt auch, oder?"

Die Stones *die Rockgruppe Rolling Stones*

Eric Clapton *bekannter Rockmusiker*

„Klar." Meine Antwort ist schnell, aber es ist mir egal. Und als er mitten im Spiel unterbricht und mir die Gitarre hinhält, nehme ich sie. Auch wenn ich nicht weiß, ob ich es kann. Aber eines Tages, eines Tages kriege ich es schon hin.

Die Gitarre liegt halb auf meinem Bein, während ich über die Saiten streiche, zögernd, dann fest. Und ich kriege sogar richtige Töne heraus, auch wenn das, was auf Kassette weiterläuft, sich besser anhört.

„Du hältst sie nicht schlecht", sagt Hotte. „Und wenn du willst, zeige ich dir, wie man sie spielt."

Ich fasse es nicht. Fasse es noch weniger, als er hinzufügt: „Behalt sie erst mal bei dir, damit du üben kannst, wann immer du willst."

„Ich soll was?", frage ich und es klingt wahrscheinlich blöd, denn Hotte hat es doch gerade erst deutlich gesagt.

„Üben sollst du", grinst er jetzt und führt meine Hand an das obere Ende des Gitarrenhalses, schiebt zwei Finger auf je eine Saite, zupft sie am anderen Ende und sagt: „Damit fängt's an."

Ich mache es und kann kaum glauben, wie gut es

schon klingt. Zu schade, dass Mauri nicht da ist. Dann könnte er mich gleich sehen, mich neben Hotte, der mir alles zeigt und dann aufsteht und rausgeht, mir noch einmal zunickt und mich allein lässt mit seiner Gitarre, die über ein Kabel angeschlossen ist an den Verstärker, den man doch braucht, wenn man Rockmusiker ist. Eines Tages bin ich es auch. Und dann stehe ich auf der Bühne und spiele vor tausenden Fans. Lilli und Lena sind natürlich auch unter den Fans und jubeln und klatschen und schreien, während ich spiele und mich über der Gitarre verbiege und verrenke so wie ein Star.

Verstärker *Gerät zum Verstärken von elektrischen Leistungen*

„Mauri", sage ich nur, als er später anruft, und ich verziehe mich eilig mit ihm an meinem Ohr in mein Zimmer. „Hör mal gut zu!" Ich halte den Hörer vor den

Verstärker und zupfe ein paar Saiten auf Hottes Gitarre. Dann ist der Hörer wieder an meinem Ohr und ich frage: „Weißt du, was das ist?“ Ich halte die Luft an, damit mir von Mauris Antwort auch bestimmt nichts entgeht.

„Nö“, sagt er, „das heißt ... Mach das noch mal!“

Ich tue ihm den Gefallen und bin so schnell mit dem Hörer wieder an meinem Ohr, dass ich noch seinen Atemzug höre, bevor er durch die Zähne pfeift. „Ich werde zum Hamster“, sagt er dann. „Ist das deine?“

„Nein“, sage ich, „die von Hotte. Aber er leiht sie mir aus.“ Ich erzähle Mauri von Hottes Band, von den Stones, von Eric Clapton und dass er früher der Gitarrist und der Sänger war und mir alles zeigt.

„Wow“, sagt Mauri und ist wieder still.

„Morgen“, verspreche ich ihm, „kommst du vorbei und kriegst sie zu sehen.“

„Morgen“, wiederholt Mauri und seufzt.

Dann legen wir auf. Und ich habe Hottes Gitarre kurz noch mal in meiner Hand, lege sie wieder weg. Weil man mich wahrscheinlich auch im Wohnzimmer hört. Und weil man das ja nicht unbedingt muss. Nicht gleich am ersten Tag jedenfalls, seit ich weiß, was Hotte für einer ist. Oder was er früher war. Später frage ich ihn vielleicht noch mal nach seiner Band. Ob sie herumgezogen sind von Ort zu Ort und wie es als Rockmusiker überhaupt war. Auch mit den Fans. Vielleicht mache ich es später. Vielleicht. Denn Hotte ist immerhin Mamas Neuer, wenn auch vielleicht nicht der Schlimmste.

# 7

Mauri ist nicht mehr zu bremsen. In der Schule redet er in jeder Pause davon, fragt mir Löcher in den Bauch und ich gebe ihm Antwort, so gut ich das kann. Dabei weiß ich doch auch längst nicht alles über Hotte. Genau genommen weiß ich so gut wie nichts. Außer dass er fotografiert und manchmal alte Schränke verkauft und meine Mutter gut findet. Dass er Gitarre spielen und dazu singen kann, weiß ich neuerdings auch. Und dass er große Hände hat und braune Haut und mir ein bisschen lockerer als die anderen vorkommt. Eben nicht so wie Tom oder wie mein Vater, der Spezialverschlüsse für Tuben aller Art verkauft und sich so gut wie nicht mehr bei uns blicken lässt. Mehr will ich ehrlich gesagt auch gar nicht wissen. Denn Hotte ist immerhin Hotte und seine Schuhe sind inzwischen fast jeden Morgen bei uns geparkt.

„Aber er kann dir alles beibringen", fängt Mauri schon wieder an. „Dir und vielleicht ja auch mir, denn so eine Gelegenheit lass ich mir doch auch nicht entgehen. Schließlich wollen wir doch unsere Band."

„Hm", sage ich. Ich setze mich wieder auf meinen Platz, verschränke die Arme hinter dem Kopf und bin irgendwie nicht mehr so glücklich, weiß selbst nicht, warum. Schließlich war ich doch gestern Abend noch froh und konnte es selbst kaum erwarten und nun, da Mauri es auch ist, will ich die E-Gitarre schon beinahe nicht mehr, und dass die E-Gitarre ausgerechnet von

Hotte sein muss, passt mir nicht. Aber vielleicht hat Mauri ja recht. Und wenn wir erst genug von Hotte gelernt haben, bleibt immer noch Zeit, dass ich ihn wieder loswerden kann.

Ich hole das Buch für die nächste Stunde schon mal aus meiner Schultasche hervor. Und als Herr Rosenbaum kommt und mich an die Tafel holt, wo ich alles vorrechnen muss und es sogar kann, bessert sich meine Laune wieder.

Ich kehre an meinen Platz zurück und fange einen Blick von Lilli auf. „Nicht schlecht, Herr Specht", höre ich sie sagen, als ich wieder sitze. Und wer weiß, vielleicht meint sie ja mich.

Ich beuge mich über mein Heft und schreibe die Aufgabe, die Herr Rosenbaum uns jetzt diktiert. Hotte braucht jedenfalls nicht zu denken, mit seiner E-Gitarre und dem Verstärker kriegte er mich schon rum und demnächst könnte er dann auch seinen Schrank bei uns abstellen mit all seinen Sachen darin und gleich bei uns wohnen.

Ich hole tief Luft. Und als Lilli nach vorn an die Tafel gerufen wird und die Lösung nicht weiß, sage ich sie ihr leise vor.

Sie lächelt. Und ich gucke gleich wieder weg. Aber immerhin bin ich einverstanden, als Mauri mittags erklärt, er könne nicht länger warten und wolle gleich mit zu mir nach Hause.

Die E-Gitarre von Hotte ist auch heute immer noch schön. So wie das Kabel und der Verstärker. Und weil niemand außer Mauri und mir da ist, probieren wir sie, spielen und zupfen und hören uns auch Hottes Kassette an.

„Wann kommt er wieder?“, fragt Mauri mich, bevor er geht, weil er sonst Ärger mit seiner Mutter kriegt.

Ich zucke die Achseln. „Wie ich ihn kenne“, sage ich, „handelt es sich wahrscheinlich nur noch um Stunden und er steht wieder bei uns auf der Matte.“

Mauri stößt mich noch einmal freundschaftlich an. „So wie ich auch“, sagt er.

Ich bringe ihn noch bis zur Tür, blicke ihm nach, wie er die Treppe hinunterspringt, und höre, wie die Haustür hinter ihm ins Schloss fällt.

Dann sitze ich wieder in meinem Zimmer und habe Hottes Gitarre für mich allein. Vergesse vorübergehend meine Hausaufgaben, übe und kriege, als ich den Kopf in den Nacken werfe, so ein Gefühl. Als liefen mir hunderte Ameisen über den Rücken und keine Ahnung, warum, aber plötzlich muss ich an Lilli denken. Eines Tages wünscht sie sich von mir vielleicht ein Autogramm.

Autogramm *mit eigener Hand geschriebener Name einer bekannten Persönlichkeit*

Ich stelle die Gitarre in die Ecke zurück, brüte über meinen Hausaufgaben und kümmere mich irgendwann sogar um meinen Bauch, der sich schon laut beschwert, weil er nichts abgekriegt hat. Jetzt kriegt er. Was Mama ihm in den Kühlschrank gestellt hat.

Ich sitze und esse auf dem Balkon, blicke auf das Straßengetümmel hinunter und stelle mir vor, ich wäre ein König und die Straße, die Häuser und überhaupt die ganze Stadt wäre mein Reich.

Ein rockender König wäre ich jedenfalls. Einer mit

langen Haaren und alten, zerrissenen Jeans, der seinen Untertanen alles erlaubt. Vielleicht könnte ich auch mit Mauri zusammen regieren. Wir könnten uns abwechseln und Musik machen und wären eben zwei Könige, schließlich ist Mauri mein Freund, der, wie ich finde, allmählich wieder auftauchen darf. Ich stehe auf den Zehenspitzen und halte schon mal Ausschau nach ihm.

Aber von Mauri ist nichts zu sehen. Wenig später ruft er mich an und sagt: „Ich komme heute nicht mehr, mein Vater nimmt mich nämlich mit auf den Bau."

Bau
*hier: Baustelle*

„Wie?", beschwere ich mich. „Und was wird aus mir?" Auf einmal wäre ich auch gern der Sohn von einem Vater, der Architekt ist und manchmal auf Großbaustellen muss.

Architekt
*Baufachmann, der Bauwerke entwirft*

„Du", sagt Mauri, „hast doch immerhin deinen Hotte, der dir alles zeigt. Und morgen komme ich ganz bestimmt, verlass dich darauf."

Ich verziehe nur mein Gesicht. Hotte ist nicht mein Hotte und ich verlasse mich auch nicht darauf. „Also dann", murmele ich, lege das Telefon wieder weg und fühle mich plötzlich allein. Weil nicht mal mein bester Freund Zeit für mich hat. Und weil kein Vater da ist, der mich mit auf den Bau nimmt und sagt: „Aber du brauchst dafür einen Helm."

Ich gehe zurück auf den Balkon. Ein einsamer König bin ich, einer, der Blätter von Mamas Balkonpflanzen pflückt und kleine Schnipsel über das Geländer in sein Reich fallen lässt.

Auf der Straße tummelt sich das Volk und vielleicht sollte ich mich einfach daruntermischen, auf meinem Drahtesel losreiten, irgendwohin.

Drahtesel *Fahrrad (umgangssprachlich)*

Gerade frage ich mich, wo Lilli und Lena überhaupt wohnen und ob ich einfach mal nachsehen soll, da entdecke ich Mama auf der Straße. Aber sie ist nicht allein. Hotte ist bei ihr und hat den Arm um sie gelegt.

Ich recke den Hals und kann sehen, wie sie stehen bleiben, wie sie sich angucken und küssen, als hätten sie sich ein halbes Jahr nicht gesehen, dabei war Hotte doch gestern noch hier und ist heute Morgen erst wieder gegangen.

Ich beiße mir auf die Lippe. Beobachte, wie die beiden weitergehen, wie sie auf einen kleinen Schmuckladen an der Ecke zusteuern und darin verschwinden.

Ob Hotte Mama einen Ring kaufen will?

Von einem Fuß auf den anderen trete ich, warte, dass die Tür des Schmuckladens sich wieder öffnet, warte, während eine Weile gar nichts geschieht.

Was soll Mama denn mit einem Ring? Ringe hat sie doch mehr als genug und braucht nicht schon wieder einen neuen dazu.

Ich schlinge meine Finger ineinander, ziehe daran. Ob sie vergessen haben, dass es hier oben noch einen gibt, der keinen Vater hat, mit dem er zum Bau fahren kann? Der nichts hat als eine Mutter, die nicht an ihn denkt, sondern nur an ihren Hotte, der zufällig Gitarrist in einer Band war, na und?

Ein Kloß sitzt in meinem Hals, macht mir das Schlucken irgendwie schwer. Meine Augen sind feucht, ich komme nicht dagegen an. Dabei habe ich doch immerhin Hottes E-Gitarre da stehen, aber vielleicht war das ja auch nur ein Trick und Mama und Hotte wollten nur ihre Ruhe haben, sonst nichts.

Als die beiden kommen, sitze ich längst wieder in meinem Zimmer, rühre Hottes Gitarre aber nicht an.

Vielleicht hat nicht nur Mama einen Ring bekommen, schießt es mir durch den Kopf, vielleicht haben sie sich ja auch gegenseitig welche gekauft.

„Lino!", ruft Mama, aber ich antworte nicht. „Lino! Wo steckst du?"

Ich warte, bis Mama mich sucht und endlich entdeckt.

„Warum sagst du denn nichts?", beschwert sie sich.

Ein Grund fällt mir nicht ein. Und deswegen kriegt Mama auch keinen genannt.

„Wir waren einkaufen", seufzt sie, „Hotte und ich."

Hotte und ich.

Hotte schiebt seinen Kopf nun ebenfalls durch meine Tür. Im ersten Moment will ich ihn rauswerfen, aber dann fällt mir die Gitarre, die immerhin noch bei mir steht, wieder ein. Und die Kassette, die er mir mitgebracht hat.

„Und was habt ihr gekauft?", frage ich.

Zum Glück laufen sie nicht auch noch Arm in Arm vor mir her durch die Wohnung und turteln und küssen auch nicht vor meiner Nase herum, als wir alle drei schließlich im Wohnzimmer landen. Mama packt zwei neue T-Shirts aus. Hotte ein Buch. Eine Ananas.

turteln *zärtlich miteinander umgehen*

Drei Filme für seinen Fotoapparat, den er anscheinend auch gleich mitgebracht hat. Eine Flasche Wein.

„Und die Ringe?“, frage ich.

Mama und Hotte gucken mich an. „Du meinst ...“ Mama schüttelt den Kopf. „Hast du uns gesehen?“ Sie zieht mich zu sich und ich komme aus ihrem Griff so schnell nicht wieder los. „Guck mich mal an!“, sagt sie. „Fällt dir etwas auf?“

Ich weiß nicht recht. Will gar nicht, dass mir etwas auffällt. Gucke aber dann doch mal an ihr herum, an ihren Händen, an ihrer Bluse, und dann endlich entdecke ich sie, die beiden Ohrringe, die groß sind und vielleicht gar nicht mal schlecht. Mit mattroten Steinen. Jedenfalls besser als dieser Quatsch, der manchmal an den Fingern steckt.

„Gut?“, fragt Mama und ihr Haar kitzelt beinahe mein Gesicht.

„Ganz okay“, brumme ich und schiebe Mamas Kopf mit den Ohrringen von mir weg.

Dann essen wir Ananas auf dem Balkon und alles tropft und klebt, aber das ist so im Sommer.

„Was ist mit eurem Theaterstück?“, fragt Mama mich jetzt. „Warum spielst du nicht mit?“

„Na hör mal! Glaubst du vielleicht, ich laufe auf hochhackigen Schuhen?“

„Nein“, lacht Mama, „das glaube ich nicht.“

Auch Hotte lacht und erzählt, dass er als kleiner Junge mal das Rotkäppchen war.

„Du?“ Mama sieht ihn ungläubig an. „Bist du da nicht vor Scham im Boden versunken?“

„Erst später“, grinst Hotte, „als alle mich aufzogen damit.“

„Du Ärmster“, rutscht es mir raus.

Ich fange einen Blick von ihm auf, gucke aber gleich wieder weg.

„Meine Hausaufgaben warten“, murmele ich.

„Hausaufgaben!“, höre ich Hotte, während ich in der Küche verschwinde und meine Hände abwasche. „Hast du nicht gesagt, du willst Musiker werden?“

Ich halte einen Moment inne. Mama mischt sich zum Glück nicht gleich wieder ein.

„Verschieb deine Rechnereien auf später“, erklärt Hotte jetzt und kommt auch schon an, sodass ich nicht anders kann, als mit ihm in mein Zimmer zu gehen, wo seine Gitarre steht. Er macht die Tür hinter uns zu.

Bevor wir zu üben anfangen, sieht Hotte sich um, entdeckt das Foto von mir und Mauri in meinem Regal und sagt: „Ihr beiden versteht euch wohl gut, was?“

„Na und ob.“ Ich erzähle ihm vom Fußball, von Mauris Eltern und den Plänen, die ich mit ihm hab.

Hotte legt das Foto noch nicht wieder zurück. „Ich hatte auch so einen Freund. Er kam aus Nordafrika und musste irgendwann wieder dorthin zurück.“ Hotte ist einen Augenblick still. „Wir waren unzertrennlich, aber die Umstände waren stärker als wir. Er durfte mit seinen Eltern nicht länger in unserem Land bleiben. Ich habe ihn nie wieder gesehen.“

Er seufzt. Und fast finde ich es schade, dass er zu spielen beginnt. Weil es schön ist, so neben ihm zu sitzen und über Freunde zu reden. Von Freunden versteht Mama ja nichts. Höchstens von Freundinnen. Aber Freundinnen habe ich nicht. Ich habe einen Freund namens Mauri. Und Hotte hatte einen, den er nie wieder gesehen hat, weil er nach Nordafrika zurückkehren musste. Hotte versteht etwas von Freunden, denn Hotte ist eben Hotte und jedenfalls ein Mann. Und er war mal ein Junge wie ich. Nicht ein Mädchen wie Mama. Außerdem spielt Hotte gut Gitarre.

Ich gucke immer wieder auf sein Gesicht, als er singt. Auf seinen Mund, seine Augen und die Haare, die wild abstehen. Wahrscheinlich können sie gar nicht anders, lassen sich auch nicht so striegeln und kämmen wie die von Tom, der Mamas Letzter war und seine Socken nirgendwo fand.

„Du bist dran", sagt Hotte und drückt mir die Gitarre in die Hand. „Jetzt zeig mal, was du kannst!"

Er hilft mir, führt meine Finger, greift die Saiten zusammen mit mir, bis es gut klingt. Und er geht nicht gleich wieder zu Mama hinüber, sondern bleibt hier bei mir. In meinem Zimmer.

„Manchmal", sagt er, „haben wir ganz schön gefroren, als wir unterwegs waren mit unserer Band."

Wir üben und spielen und er sitzt nah bei mir, während er erzählt, wie sie nach ihren Auftritten in den alten VW-Bus gekrochen sind, auch im Winter, und wie die Decken nicht ausgereicht haben und sie immer wieder ums Dorf kurven mussten, um die Heizung zum Laufen zu kriegen. „Dafür", fährt Hotte fort, „war es im Sommer umso schöner, draußen, unter freiem Himmel, und wir haben unzählige Sterne gesehen." Er zupft an den Saiten, während er erzählt, und es kommt mir fast vor wie ein Lied. Ich sitze da, bin ganz still. Bis Mama an die Tür klopft und fragt: „Darf ich die Herren kurz stören?"

„Im Moment gerade nicht", murmele ich und muss aber dann grinsen. Hotte verlangt: „Sag erst, worum es geht."

Mama guckt von Hotte zu mir, dann wieder zu Hotte. „Pizza", sagt sie.

„Pizza." Dagegen kann man nichts machen, das sehen Hotte und ich ein.

„Wenn ihr also einen Augenblick Zeit hättet", versucht Mama es weiter, „die Pizza wäre nämlich so weit."

„Also gut." Wir erheben uns gnädig. „Bevor sie dir noch verbrennt."

„Wie lieb von euch", seufzt Mama, aber es ist ja nicht ernst. Glaube ich jedenfalls.

Die Pizza schmeckt wie schon lange nicht mehr. Ich schaffe fünf Stück. Mama und Hotte trinken Wein dazu und es wird ein bisschen lustig, denn Mama ist bald schon beschwipst.

beschwipst *leicht betrunken*

„Ich vertrage eben nichts“, gluckst sie.

„Einmal“, erzähle ich Hotte, „ist sie spätabends vor lauter Beschwipstheit sogar über parkende Autos gelaufen.“

Mama kichert und gluckst und Hotte will natürlich Genaueres wissen.

„Sie standen eben einfach im Weg“, ereifert sich Mama. „Was also hätte ich tun sollen? Sie zur Seite schieben, war mir zu schwer.“

Hotte hat seinen Spaß. Und den habe ich auch. Schließlich kriege ich nicht alle Tage so eine Mutter geboten. Manchmal trinkt sie auch Wein, ohne dass man gleich etwas merkt.

„Kind“, sagt sie irgendwann und meint damit mich. „Hast du dir heute schon deine Ohren gewaschen? Und was ist mit deiner Schultasche? Ist die okay?“

„Mit meiner Schultasche ist alles bestens“, beruhige ich sie.

Ich wechsel mit Hotte schnell einen Blick. Und ich bleibe sitzen, auch wenn kein Stück Pizza mehr in mich reingeht und die Hausaufgaben noch nicht gemacht sind und der Uhrzeiger sich weiter vorarbeitet und es spät wird, aber es ist eben auch schön.

Hotte sagt nichts, sondern lacht nur und hört gar nicht mehr auf, als Mama von einer Reise nach Irland erzählt zu einer Zeit, als es mich noch nicht gab und dafür eben nur einen Verflossenen, mit dem sie ein Hotel gesucht hat, das sich jedoch nirgendwo fand. „Dafür“, sagt Mama, „gab es dann diese Wiese, auf der ein alter ausrangierter Leichenwagen stand.“

ausrangiert *nicht mehr in Gebrauch*

Mama hält inne, guckt erst mich, dann Hotte vielsagend an und fährt fort: „Wir wollten uns gerade hineinverkriechen, da kam ein Bulle, dem der Leichenwagen besonders gefiel. Jedenfalls stürmte er darauf zu, stieß seine Hörner hinein und brachte den ganzen Wagen zum Wackeln." Mama holt Luft. „Wir waren froh, noch nicht dringelegen zu haben, und sind um unser Leben gerannt."

Bulle *männliches Rind*

Ich sitze da, halte mich still. Will gern noch mehr solcher Geschichten hören von Mama und Hotte, die sich in Fahrt reden, und wir lachen alle drei viel. Irgendwann werde ich müde und Mama erinnert sich urplötzlich daran, dass ich ins Bett gehöre, weil ich doch ein Schulkind bin und außerdem ein Heft habe, in dem noch keine Aufgabe steht.

„Ja", sage ich kleinlaut. „Da steht noch nicht viel. Sozusagen von heute noch gar nichts ..." Ich räuspere mich.

Mama guckt mich an und für einen Moment sieht es aus, als sei sie augenblicklich wieder stocknüchtern und kein bisschen beschwipst.

„Dann sag deiner Lehrerin doch einfach", schlägt Hotte vor, „du hast dein Heft zu Hause vergessen oder der Kater hat es gefressen oder es ist mit der Pizza im Ofen verbrannt."

Ich schnappe nach Luft. Und bin sprachlos, als Mama kichernd hinzufügt: „Und sag deiner Lehrerin außerdem, dass dir hundeelend war und gleich von Neuem schlecht wird, wenn du nur ein Hausaufgabenheft siehst. Ein Hausaufgabenheft und eine Schulbank und eine Lehrerin und überhaupt die ganze Schule. Sag ihr das bitte."

Ich sitze da mit offenem Mund. Und bin begeistert, als Hotte nun auch noch hinzufügt, ob es nicht das Beste sei, mich gleich ganz abzumelden.

„Du meinst für morgen und überhaupt für jeden Tag?", überlegt Mama. Und Hotte sagt: „Warum denn nicht?"

Ich finde die Idee erstklassig, aber so ganz ringt Mama sich anscheinend nicht dazu durch. Jedenfalls schickt sie mich irgendwann trotz unerledigter Hausaufgaben in meine Kissen. „Eine schriftliche Entschuldigung", murmelt sie, „fällt mir bis morgen wohl ausnahmsweise mal ein." Sie gibt mir einen sanften Schubs. Und ich gehe. Auch wenn es so schön ist mit den beiden beim Wein, für den ich natürlich zu jung bin. Aber ich will jetzt schnell schlafen, weil es spät ist und ich mich frage, wie ich es überhaupt schaffen soll morgen früh. Ich will nämlich in die Schule, denn schließlich geht Mauri ja auch und ist doch mein Freund.

Ich gähne noch einmal sehr tief. Hotte hat einen Freund aus Nordafrika gehabt, früher, und er weiß, wie es ist.

# 8

Der nächste Morgen fängt sozusagen mitten in der Nacht an, obwohl es draußen längst hell ist. Mama läuft in einem langen T-Shirt herum und sucht Papier und Stift für meine Entschuldigung, weil in meinem Heft ja keine Aufgabe steht. Von Hotte ist überhaupt noch gar nichts zu sehen. Bis auf die Schuhe. Hotte, der hat es gut. Kann seine Schuhe stehen lassen oder anziehen, wann es ihm gerade gefällt. Weil er sein Geld mit solchen Sachen wie Fotografieren verdient. Fotografieren geht leicht. Aber vielleicht ja auch nicht. Irgendwann werde ich ihn danach fragen. Irgendwann, nur nicht jetzt, denn jetzt bin ich froh, dass ich mich überhaupt auf den Beinen halten kann und den Weg zur Schule noch finde. Zum Glück hilft Mauri mir beim letzten Stück Weg und ich erzähle ihm alles, was ich von gestern Abend noch weiß.

„Mannomann", sagt er und wirft mir einen neidischen Blick zu. „Für Bullen und Leichenwagen und einen, der in einer Band gespielt hat, habe ich mich auch schon immer interessiert."

„Tja", sage ich nur. „Dann lass dich bald wieder mal bei uns blicken. Vielleicht hast du Glück und Hotte spielt dir was vor. Immerhin bist du mein Freund."

Mauri seufzt.

Und ich seufze auch. Gleich zweimal hintereinander. Denn wir sind bei der Schule und die Erste, die ich hier sehe, ist eine, die in der Klasse gleich hinter uns sitzt. Und die sich am selben Vormittag noch den Knöchel verstaucht. Nur wenige Tage vor dem Theaterauftritt. Aber zum Glück ist es Lena, der es passiert, und nicht Lilli, die das Laufen auf den hochhackigen Schuhen inzwischen schon ganz gut kann.

„Und was passiert jetzt?“, fragen sich alle, auch die Jungen, denn das Theaterstück will jeder sehen. Und hören, was Lilli zum Beispiel als Frau sagen muss. Ich höre es gern, denn sie sagt es so, dass man es sich vorstellen kann. Lilli als Frau, obwohl sie noch keine ist. Lilli ist ein Mädchen und sie sitzt in der Klasse gleich hinter mir. Trotzdem gucke ich Lilli nicht immer an. Sie guckt ja auch meistens an mir vorbei. Vielleicht, weil ich ein Junge bin und sie Jungen nicht mag. Wenigstens nicht die aus ihrer Klasse, vielleicht sind die ihr zu klein. Ich zum Beispiel, dabei bin ich eigentlich gar nicht so klein, sondern fast einen halben Kopf größer als sie. Als sie mal vor der verschlossenen Tür vom Musiksaal kurz neben mir stand, habe ich es gesehen.

„Wir brauchen für Lena ganz schnell einen Ersatz“, sagt Frau Windmüller in der nächsten Deutschstunde und ihr Blick wandert suchend über unsere Köpfe hinweg. „Wer traut sich ihre Rolle auf die Schnelle noch zu?“

automatisch *wie von selbst*

Ich rutsche automatisch ein Stück abwärts auf meinem Stuhl und tue, als hörte ich nicht, wie Mauri leise neben mir sagt: „Na, was ist? Wäre das nichts für dich?“

„Wohl eher für dich“, murmele ich und bin gleich wieder still, damit Frau Windmüller nicht noch aufmerksam auf mich wird. Man kann nie wissen, auf welche Ideen sie kommt. Erst recht nicht, wenn sie schriftliche Entschuldigungen über unerledigte Hausaufgaben zu lesen gekriegt hat. Vielleicht versteht sie keinen Spaß und auch nicht den Ernst. Und dass es für einen Jungen vollkommen unmöglich wäre, als Frau über die Bühne zu stöckeln und zu sagen: „Es liegt etwas in der Luft."

stöckeln
*in Schuhen mit hohen Absätzen laufen*

Ich atme auf, als Eva sich meldet, werde wieder größer auf meinem Stuhl, auch wenn ich es vielleicht gelernt hätte bis morgen, das Laufen auf hochhackigen Schuhen, und ich mit Lilli zusammen hätte auftreten können. Aber als Junge spiele ich lieber in einer Band, weil bei uns manchmal einer mit am Frühstückstisch sitzt, der es mir zeigt. Mauri ist ja auch schon ganz versessen aufs Üben. Und außerdem, hat er gesagt, fragt er bei sich zu Hause jetzt auch. Weil er doch bisher nur die Stöcke für das Schlagzeug besitzt.

„Was ist denn hier los?", grinst Alina, als sie ein paar Tage später in die Küche kommt, in der Mauri gerade freiwillig die Spülmaschine ausräumt. Mit meiner Hilfe, denn schließlich geht es um viel.

„Mama, komm her!", ruft Alina. „Das achte Weltwunder ist gerade geschehen!"

Weltwunder
*die sieben Weltwunder: außergewöhnliche Bau- und Kunstwerke des Altertums*

Bevor Mauris Mutter in der Küche erscheint, sind die Tassen aus meiner Hand in den Küchenschrank gewandert. Mit dem achten Weltwunder habe ich lieber nicht direkt etwas zu tun und bin außerdem ja nur zu Besuch.

„Nanu", wundert sich Mauris Mutter nun auch.

„Was ist denn in dich gefahren?“ Sie schüttelt den Kopf, während Mauri eifrig Besteck sortiert.

Mauri lässt sich noch einen Augenblick Zeit. Und auch ich bleibe stumm, will bloß nichts verderben, weil Mauri dieses verdammte Schlagzeug doch braucht.

„Lino hat jedenfalls seine Gitarre“, murmelt er endlich und schiebt die Schublade zu. „Lino hat ja auch einen Freund. Einen neuen, der eigentlich der Freund von seiner Mutter ist, aber immerhin übt er schon mit ihm.“

behagen *gefallen*

Ich halte mich fest, weil mir, was Mauri sagt, nicht ganz behagt. „Jedenfalls wollen wir eine Band gründen“, schalte ich mich lieber mal ein. „Die Gitarre haben wir schon, zumindest vorübergehend, aber alles andere fehlt eben noch und ein Schlagzeug wäre ganz gut.“ Auf einmal komme ich mir blöde vor. Ich blicke zu Mauri hinüber und er blickt zu mir. Alina grinst und wiederholt mit diesem Unterton, bei dem man nie weiß, wie sie ihn meint: „Eine Band.“ Mauris Mutter steht nur da und nickt. Und da wissen wir die Antwort, die gleich von ihr kommt, eigentlich schon. Als würde Mauri einfach so ein Klavier oder ein Keyboard bekommen oder das Schlagzeug, das zu den Stöcken noch fehlt. Wie die Anfänger haben wir es gemacht und gefragt und sind selbst schuld, dass Mauris Mutter sagt: „Na hört mal, dieser Spaß kostet eine Kleinigkeit, das ist euch wohl klar.“

Ist es. Aber trotzdem. Was können wir denn dazu?

Mauri bringt schnell noch den Klavierunterricht ins Spiel, den seine Mutter ihm doch immer schon andrehen will. „Jetzt“, sagt er, „nehme ich ihn, das verspreche ich dir. Außerdem lerne ich, wann immer du willst, und spiele dir sogar diesen Mozart mal vor.“

Wolfgang Amadeus Mozart *bekannter Komponist (1756-1791)*

„Diesen Mozart“, seufzt seine Mutter und Alina steht immer noch da, lässt sich keinen Satz zwischen Mauri und seiner Mutter entgehen. Mauri kann einem leidtun. Und ich bin nur froh, dass ich mich mit so was nicht herumschlagen muss. Wie Alina jetzt grinst!

Endlich sitzen wir wieder bei Mauri im Zimmer und haben nicht das Geringste erreicht. Außer dem Versprechen von Mauris Mutter, dass sie mit Mauris Vater reden will, später, wenn er aus dem Büro kommt.

„Typisch“, schimpft Mauri, „so machen sie es immer. Und was dabei herauskommt, ist sowieso klar.“ Er verdreht die Augen, ballt die Hände zu Fäusten und fährt wütend fort: „Dass ich sparen soll für ein Schlagzeug, wenn mir etwas daran liegt, werden sie sagen. Aber für ein Schlagzeug sparen, das schafft man doch nie.“

Ich beiße mir auf die Lippe, denn ich finde, Mauri hat recht. „Aber wenn du deinem Vater von den alten Musikstücken erzählst“, sage ich, „von den Stones und Eric Clapton zum Beispiel, erlaubt er es vielleicht. Schließlich hat er die Musik, als er jung war, doch auch gern gehört.“

„Als er jung war“, winkt Mauri ab, „war er noch kein Vater.“ Er verzieht sein Gesicht. „Als Vater erlaubt er mir nichts. Jedenfalls fast nichts.“

Ich nicke, weil mir nichts anderes einfällt, denn

mit Vätern kenne ich mich nicht gerade gut aus. Wenn ich an meinen denke, muss ich mir jedenfalls fast schon ein Foto herauskramen, um überhaupt zu wissen, wie er aussieht und dass es ihn gibt.

„Sei nur froh“, seufzt Mauri, zupft an seinem Kopfkissen und boxt plötzlich hinein.

Auch ich boxe, obwohl ich tatsächlich froh bin und es mich auch nicht weiter stört, dass mein Vater außer zwei- bis dreimal im Jahr Eis essen nichts mit mir macht. Schon gar nicht etwas verbieten.

„Wenigstens kümmert sich dein Vater um dich und guckt auch schon mal deine Hausaufgaben nach und übt und nimmt dich mit auf den Bau und zeigt dir die Welt.“

Mauri sagt nichts mehr. Eine Weile sitzen wir still. Und beginnen schließlich mit einem spannenden Tischfußballturnier. Trotzdem kann ich nichts tun gegen diese seltsame Traurigkeit, die mich festhalten will. Weil Mauri auch traurig ist und sein Schlagzeug so bald nicht bekommt, aber auch wegen dem Eis und den Spezialverschlüssen für Tuben aller Art, die für meinen Vater aufregender sein müssen als Mama und ich.

Ich finde mich eigentlich spannend. Ich meine, immerhin bin ich sein Sohn und wachse und eines Tages ist es vorbei. Dann bin ich weg. Zusammen mit Mauri vielleicht, der mein Freund bleibt und jedenfalls nicht nach Nordafrika muss.

„Du passt ja gar nicht auf!“, sagt er, als er mit einem Volleyschuss aus der zweiten Reihe mein Tor zum dritten Mal trifft.

Volleyschuss *Schuss unmittelbar aus der Luft*

„Tut mir leid“, murmele ich und dann reiße ich mich zusammen, denn so schnell geschlagen gebe ich mich an diesem Nachmittag nicht. Habe eigentlich ja auch gar keinen Grund, denn es könnte alles noch viel schlimmer sein und immerhin haben wir uns, und dann kommt Alina auch noch mit Keksen und sagt: „Verhungern sollt ihr ja nicht.“

Wir bedanken uns und spielen weiter, bis das Endspiel entschieden ist, das ich noch herumreißen kann und haarscharf gewinne. „Beim nächsten Mal kriegst du eine Revanche“, tröste ich Mauri und er sagt: „Warte nur ab.“

Revanche *Chance, eine erlittene Niederlage in einer Wiederholung wettzumachen*

Dann mache ich mich auf den Weg. Und als ich nach Hause komme, sind Mama und Hotte schon da.

„Gut, dass du kommst“, sagt Mama und zieht mich zum Wohnzimmertisch hin, wo ein riesiger Haufen Reiseprospekte ausgebreitet vor ihnen liegt.

Prospekt *Werbezeitschrift mit Bildern*

„Rate mal, was das ist!“, fordert sie mich gleich auf. Und ich sage: „Reiseprospekte, was sonst?“

„Sehr gut“, lobt Hotte. „Und was also haben wir vor?“

„Na ja.“ Ich gucke von Mama zu Hotte und wieder zu Mama. „Etwa verreisen?“ Irgendwie bin ich enttäuscht. Vielleicht haben sie gemeint, ich finde es gut, wenn ich sie endlich mal loswerden kann, aber ehrlich gesagt liegt mir im Moment gar nichts daran.

„Ans Meer!“, sagt Mama jetzt. „Was hältst du davon?“

Ich nicke. Und überlege. Bis Hotte sagt: „Ich habe extra meinen dreiköpfigen Drachen ausgegraben für dich.“

Für mich? Erst jetzt kapiere ich und muss plötzlich aufpassen, dass meine blöden Tränen mir keinen Streich spielen, denn das sollen sie nicht.

„Also was nun?“, fragt Mama. „Freust du dich nicht?“

Ich hole tief Luft. Bald darauf sitze ich zwischen den Kissen und stammele nur: „Wenn ihr unbedingt wollt, wird mir wohl nichts anderes übrig bleiben als mitzufahren an euer Meer.“

„Na, das ist doch fein.“ Mama strahlt. Hotte strahlt. Selbst ich strahle, kann ja kaum anders, weil sie mir jetzt auch noch die kleine Ferienwohnung im Katalog zeigen. Und die Bilder von den Dünen, die finde ich gut.

Katalog *Verzeichnis von bestimmten Dingen*

Düne *Hügel aus Sand*

Auf einmal kann ich es fast nicht erwarten. „Fahren wir lang?“, höre ich mich.

„Drei Tage“, seufzt Mama glücklich, „mehr ist leider nicht drin.“

Drei Tage sind immerhin besser als zwei. Auch wenn mir eine ganze Woche genauso gepasst hätte. Ich meine, wann fährt man schon mal überraschend ans Meer und auch noch zu dritt, bloß weil es ein verlängertes Wochenende gibt?

Mauri wird blass, als ich ihm am nächsten Morgen auf dem Schulweg davon erzähle.

„Warum kann meine Mutter sich nicht auch mal verlieben?“, beschwert er sich und grinst. „Oder mein Vater, das ginge ja auch.“

Wir müssen kichern und lachen, weil die Vorstellung wirklich zu komisch ist. Mauris Mutter oder sein

Vater verliebt! Dann doch schon eher meine Mutter. Bei ihr ist das etwas anderes und schon beinahe normal.

„Meine Schwester hat es zwar auch gerade erwischt“, platzt es Mauri heraus, „aber meine Schwester ist eben nur meine Schwester und fährt mit ihrem Schwarm nicht ans Meer.“

„Und würde sie fahren, dann bestimmt nicht mit dir.“

Grinsend verzieht Mauri sein Gesicht und geht auf der einen Seite eines Baumes vorbei, ich an der anderen.

Dann haben wir das Schultor erreicht, schieben uns zwischen Trauben von Schülern hindurch und haben für Gespräche über verliebte Eltern und Schwestern und das Meer, an das die einen fahren und die anderen nicht, keine Zeit mehr. Weil erstens alles gesagt ist und man sich zweitens auch heimlich weiterfreuen kann, während drittens das Theaterstück, in dem Lilli mitspielt, bald beginnt. Und das Theaterstück will ich mir ansehen, wegen der hochhackigen Schuhe und der Bühne, über die Lilli gehen muss, und weil ich wissen will, ob sie es immer noch kann. Vielleicht, überlege ich, als ich zwischen all den anderen in der Aula sitze und darauf warte, dass die Aufführung endlich beginnt, vielleicht kann ich ihr ja mal zulächeln oder das Lächeln auf später verschieben, damit sie nicht fällt. Vielleicht kann ich hinterher sogar zu ihr hingehen und ihr sagen: „Jedenfalls warst du gar nicht mal schlecht.“

Schwarm
*hier: jemand, in den man verliebt ist*

Traube
*hier: Menschenmenge*

# 9

Endlich ist das lange Wochenende da und Mama, Hotte und ich stehen früh auf. Hotte ist vor mir im Bad und rasiert sich. „Komm ruhig rein!“, ruft er, als er bemerkt, dass ich hinter der halb offenen Tür stehe und warte.

Ich werfe immer mal wieder einen Blick auf sein Gesicht, aus dem der Schaum allmählich verschwindet. Mit ihm der Bart. Der Drei-Tage-Bart, wie Hotte ihn nennt.

Verstohlen kratze ich mir das Kinn. Kann mir gar nicht vorstellen, wie es bei mir eines Tages mal aussehen soll.

Hotte grinst mir durch den Spiegel hinweg zu. Ich grinse zurück. Von Mann zu Mann sozusagen.

Dann kommt Mama und packt alle Seifen und Handtücher und Zahnpasten ein.

„Was hast du vor?“, lacht Hotte, als er schließlich die vielen Taschen voller Gummistiefel, Wolljacken, Decken, Ersatzhosen, Socken, Brot, Wein und Süßigkeiten und Chips, Bücher und Regensachen sieht, die schon im Flur auf uns warten. „Willst du auf Nordpolexpedition mit uns gehen?“

„Ach“, winkt Mama ab. „Was verstehst du schon davon?“ Sie saust durch die Wohnung, findet hier eine Streichholzschachtel, da eine Schnur, Sonnenschutzmittel, Stifte, packt immer noch etwas dazu.

Hotte nimmt schon mal zwei Taschen und trägt

sie hinaus, während Mama schnell noch Äpfel wäscht und ein paar Brote belegt. Und die Thermoskanne mit Kaffee füllt. „Sonst schlafe ich am Ende noch ein."

Thermoskanne *Gefäß, in dem Flüssigkeit warm gehalten werden kann*

Ich seufze und stehe mit meinem kleinen Rucksack voller Kassetten, Bücher, einer Taschenlampe und einem Messer schon längst bereit. Hotte schleppt unser Gepäck, ächzt und Mama schleppt schließlich auch was, nur ich schleppe nichts außer mich selbst.

Dann endlich sitzen wir in Hottes Auto, in dem ich immer schon mal sitzen wollte, weil es so schön bemalt ist, knallblau wie ein Himmel mit weißen Wölkchen dazwischen und einer Sonne, die ihre Strahlen bis zum Ende vom Kotflügel schickt.

Kotflügel *Blechteil über den Rädern beim Auto*

„Das jüngste ist es nicht mehr", sagt Hotte, als der Motor nicht gleich anspringen will. Er streicht über das Armaturenbrett und fügt hinzu: „Immer schön freundlich muss man zu ihm sein."

Armaturenbrett *Anzeigetafel vorne im Auto*

Auch ich tue mein Bestes, streiche mit den Händen über die abgewetzten Polster der Rückbank, streichel sie fast. Und da endlich muckst sich das alte Auto und mit viel Geknatter fahren wir los.

„Ich liebe die Sonne!", seufzt Mama, als wir aus der Stadt fast heraus sind. „Die Sonne, die Kühe und natürlich das Meer."

„Und ich", sagt Hotte, „ich liebe dich." Er streicht Mama mit der einen Hand über die Wange, während er das Steuer mit der anderen Hand hält.

Steuer *Lenkrad*

Ich gucke kurz weg. Höre Mamas Kichern und sehe, als ich wieder hingucke, wie sie ihm einen Vogel zeigt. Hotte ist es anscheinend egal, denn er kichert auch. Ich halte mich raus, weil Vögel ihre Angelegenheit sind, und außerdem sitze ich ja auch hinten auf meiner Bank mit den dunkelroten, ein wenig abgewetzten Polstern, über die meine Hände immer noch streichen, damit wir keine Panne haben und schnell am Meer sind.

Die Autobahn führt an vielen Kühen und Wiesen vorbei, hin und wieder entdecke ich sogar ein Pferd oder auch eine Burg. Und einen Wald und schließlich ein Schnellrestaurant.

Wäre ich klein, würde ich spätestens hier anfangen zu jammern. Aber erstens bin ich nicht klein und zweitens will ich ja auch weiter. Denn am Meer sind wir noch nicht.

Ich lese in meinem Comic. Höre eine Kassette. Dann zähle ich die roten und weißen Autos, die uns überholen, und ziehe die grünen, die wir hinter uns lassen, von ihnen ab.

Die Schilder sind anders geworden, denn wir sind in Holland, und Holland ist flach.

Flunder *Fischart mit sehr flachem Körper*

„Wie eine Flunder", sagt Hotte. Und Mama fragt: „Hast du in deinem Leben überhaupt schon mal eine Flunder gesehen?"

„Worauf du dich verlassen kannst", sagt Hotte und guckt Mama nicht an, weil er ja auf die Straße gucken muss, denn schließlich ist er es, der fährt. „Immerhin war ich in meinem Leben doch auch schon auf See."

„Echt?", frage ich neugierig.

Atlantik *Ozean zwischen Europa und Amerika*

Und Hotte erklärt: „Jedenfalls habe ich mit einem Segelboot den Atlantik schon mal durchquert."

„Und bist dabei fast ertrunken“, ergänzt Mama, die die Geschichte anscheinend schon kennt.

Ich kenne die Geschichte noch nicht und frage Hotte in allen Einzelheiten danach. Schließlich hat man nicht alle Tage jemanden im Auto sitzen, der echte Abenteuer erlebt hat und fast ertrunken wäre, weil er über Bord gegangen ist bei einem Sturm mit Windstärke neun.

Als Hotte davon erzählt, stockt mir fast der Atem. Und ich kann nicht aufhören, daran zu denken, wie Hotte in diesen meterhohen Wellen um sein Leben gekämpft hat, obwohl Hotte irgendwann längst nicht mehr davon erzählt. Irgendwann sind alle still, das Auto fährt fast von selbst, auch wenn Hotte das Steuer natürlich noch hält.

Die Müdigkeit überfällt mich und während ich meinen Kopf zwischen eine Tasche und die Rücklehne klemme und mir zum fünfzigsten Mal Hotte im peitschenden Sturm vorstellen will, habe ich stattdessen plötzlich Lilli vor mir. Wie sie auf der Bühne gestanden und alles gesagt hat. Die ganze Zeit habe ich auf sie geguckt. Kein Sturm hat die Bühne gepeitscht. Und ich habe nur ihre blonde Mähne gesehen und das Gesicht mit dem Mund, der rot geschminkt war, während sie mit einem langen Kleid umhergelaufen ist, sodass man von ihren hochhackigen Schuhen fast nichts mehr sah, dafür aber genug hörte und sie kein bisschen umgeknickt ist.

„Klasse“, haben ein paar später zu ihr und zu Eva gesagt und applaudiert habe ich jedenfalls auch. Wie ein Verrückter. Gesagt habe ich dann aber doch nichts,

applaudieren
*Beifall klatschen*

auch später nicht, als wir in die Klasse zurückgegangen sind und Lilli hinter mir war. Und gelächelt habe ich auch nicht. Wie auch, wenn sie doch hinter mir sitzt. Da hätte ich mich ja nach ihr umdrehen müssen, aber schon bei dem Gedanken daran wird mein Herz jedes Mal flattrig und mir fällt nichts mehr ein. Ich meine, was ich sagen könnte. Und welche Miene ich aufsetzen sollte dazu.

Miene *Gesichtsausdruck*

Meine Beine werden wohlig schwer und mein Kopf rutscht ein bisschen zur Seite, während ich dem Motorengeräusch des Autos lausche, in dem wir sitzen, Mama, Hotte und ich. Ich blinzle durch schläfrige Augen und fast kommt es mir vor, als wären wir eine Familie, wir drei, auch wenn das nicht stimmt. Denn Hotte ist Hotte, auch wenn ich ihn mag. Und er vielleicht mich. Warum sonst hat er mir all die Griffe auf der Gitarre beigebracht?

Meine Gedanken verschwimmen. Ich schlafe ein, schwebe mit den Motorengeräuschen davon, fliege, und als ich wieder wach werde, ist mein Nacken ganz steif und das Land ringsum noch flacher als flach.

Ich recke mich, so gut ich das zwischen all den Kissen und Gepäckstücken überhaupt kann.

Und plötzlich höre ich Mama sagen: „Da ist unser Meer!"

Ich sehe es nicht gleich, aber als ich es sehe, ist unser Meer jedenfalls schön und so weit und verschwindet bald wieder hinter dem Deich.

Deich *Erdaufschüttung mit befestigter Oberfläche zum Schutz vor Überschwemmungen*

Hotte kurbelt das Fenster herunter und lässt frische Meeresluft zu uns herein.

Mama fängt an zu singen. Zuerst ist es mir peinlich. Aber weil auch Hotte mit einstimmt, höre ich zu und singe beim nächsten Lied mit. Schließlich kenne ich es ja noch von früher und habe es eigentlich auch ganz gern gemocht. Weil es um die Pest ging und die Matrosen, die über Bord gingen, jeden Tag einer. Ich muss daran denken, dass Hotte genau das doch erlebt hat, und suche im Rückspiegel nach seinem Blick. Wie es sich anfühlen mag, im aufgepeitschten Meer um sein Leben zu kämpfen?

Pest *ansteckende Krankheit*

Hotte pfeift die nächste Strophe, Mama singt noch und bricht mittendrin ab, weil sie den Text nicht mehr weiß. Ich gucke aus dem Fenster. Denn in diesem Augenblick haben wir unsere kleine Ferienwohnung erreicht.

Sie riecht muffig, als wir sie betreten. Und sie ist anders eingerichtet als bei uns zu Hause. Mit dunklen, schweren Möbeln und einem grauen Sofa, das das halbe Wohnzimmer einnimmt. Das Meer kann man von hier leider nicht sehen, dafür aber den Himmel über dem Meer. Möwen ziehen ihre Kreise. Ein paar Wolken ziehen, dahinter das Blau.

„Kinder“, seufzt Mama, als wir alle drei dastehen und gucken, „ist das nicht schön?“

Doch, doch, bestätige ich mit einem Nicken. Hotte bestätigt es mit einem Kuss. Ich warte solange. Schließlich haben wir Zeit.

Dann packen wir das ganze Gepäck für die Nordpolexpedition aus und richten uns ein. Ich in einem winzigen Zimmer mit Etagenbett für mich allein,

Etagenbett *Bettgestell mit zwei Betten übereinander*

Mama und Hotte im Elternschlafzimmer, obwohl sie doch gar keine richtigen Eltern sind, sondern nur halb. Trotzdem finde ich, dass es passt, und beschwere mich nicht. Ich meine, wo sollten sie sonst denn auch hin? Vielleicht in die Küche?

Ich werfe mich aufs Bett, verschränke die Arme hinter dem Kopf, seufze sehr tief und stehe gleich wieder auf. Irgendwie ist alles aufregend. Und schön, so zusammen.

Noch vor dem Essen gehen wir ans Meer, wir alle drei. Gehen über den Deich und dann rennen wir los, rennen über den Sand bis ans Wasser, ziehen uns bis auf die Badesachen aus und laufen hinein, alle drei, und obwohl das Wasser kalt ist und man einen Schreck kriegt im ersten Moment, schwimmen und springen wir darin herum, spritzen uns nass und liegen irgendwann auf unseren Laken, träumen und ich kann sehen, wie Hottes Arm auf Mamas wandert und sie ihn dort lässt.

Laken *hier: Handtuch*

Ich bin ausnahmsweise einverstanden damit. Weil ich auch allein liegen kann. Und in den Himmel gucken muss, dann aufs Wasser, in das ich bis zu den Knien wieder hineinwate und schließlich dastehe und den Blick weit schweifen lasse, bis zum Horizont hin.

waten *im Wasser langsam gehen*

„Am Meer", höre ich Hotte jetzt, „findet sich alles."

Ich gucke kurz zu ihm hin und gleich wieder weg. Weil ich nicht weiß, ob ich ihn richtig verstanden habe, aber es kommt mir so vor.

Wir packen unsere Sachen zusammen, Hotte

nimmt Mamas Hand. Dann gehen wir ein Stück am Wasser entlang, Mama und Hotte gehen zusammen. Ich gehe allein und bücke mich immer wieder nach Muscheln, von denen es hier unzählige gibt. Für Mauri brauche ich schließlich ein paar und, mal sehen, vielleicht finde ich ja sogar eine für Lilli. Eine, die sie vor der Mathestunde höchstpersönlich von mir zugeschoben bekommt.

Mama und Hotte reden wieder mal über die Kunst, die ich nicht immer verstehe. Dafür frage ich Hotte später vielleicht, wie er es früher gemacht hat, als er zum ersten Mal ein Mädchen nett fand. Mama kann ich dazu ja nicht fragen. Mama kennt sich damit schließlich nicht aus.

Ich atme die Meeresluft ein, schiebe die Hände in meine Hosentaschen, lege den Kopf in den Nacken und finde, dass das Meer mit seinen Wellen ganz schön viel Krach machen kann. Und die Möwen kreisen über uns, schreien im Wind und ein bisschen hört es sich an, als würden sie weinen, aber das tun Möwen ja nicht.

Der Sand unter meinen Füßen ist weich. Ich laufe und gucke nicht hin. Alles ist irgendwie gut und könnte so bleiben. Selbst Mama und Hotte, die immer noch Arm in Arm gehen und über Sachen reden, die ich nicht verstehe. Will ich auch nicht. Denn ich laufe und gucke in die Wolken, die der Wind über das Meer und den Strand hinwegbläst – und sehe den Felsklotz zu spät.

Plötzlich jedenfalls liege ich da, stecke mit meiner Nase im Sand, der nicht gerade gut schmeckt.

„Darf ich fragen, was du da suchst?“, will Mama von mir wissen und hilft mir lachend auf.

„Na was schon?“, murmele ich etwas verlegen. „Doch wohl einen Schatz.“ Ich klopfe mir den Sand von der Hose. Hotte klopft mir auf die Schulter und grinst. Dann kehren wir um. Laufen am Strand entlang wieder zurück und ich finde immer neue Muscheln und Steine, stecke sie ein, bis meine Hosentaschen bis obenhin voll damit sind.

„Die schönsten von ihnen“, sagt Hotte, als wir wieder zurück in unserer Ferienwohnung sind und ich meine Beute auf dem Küchentisch ausbreite, „die allerschönsten von ihnen habe ich früher immer verschenkt.“ Er setzt sich zu mir und zusammen sortieren wir sie, die großen, die glatten und geriffelten kleinen, die glitzernden, die gesprenkelten, und ich denke, dass es verrückt ist, was die Natur alles macht. Die Frage nach den Mädchen und Geschenken verkneife ich mir, weil sie mir auf einmal nicht mehr so wichtig erscheint. Außerdem ist dafür doch auch später noch Zeit.

„Habt ihr schon Hunger?“, fragt Mama und legt ihr Buch wieder weg, denn sie hat Muscheln für uns gekauft. Keine glitzernden, sondern dunkle, weiß gefleckte zum Essen.

„Wenn du willst“, schlägt Hotte vor, „bereite ich sie für uns zu.“

„Nein“, sagt Mama. „Das mache ich.“ Sie verschwindet in der Küche und bleibt länger dort, kramt, klappert und kocht, deckt schließlich einen festlichen

Tisch und Hotte schwärmt, als wir zu essen beginnen. „Das Kochen dir zu überlassen, hat sich aber gelohnt."

Die Muscheln schmecken auch mir gut, obwohl ich längst weiß, dass Mama so was gut kann. Überhaupt kann sie ganz schön viel und bestimmt nicht nur kochen. Hotte kann das auch. Einmal hat er bei uns zu Hause Spagetti Bolognese gemacht. Hotte kann es fast so wie Mama. Aber eben nur fast. Und obwohl Muscheln nicht unbedingt zu meinen Leibspeisen gehören, hat es mir schon lange nicht mehr so gut geschmeckt. Vielleicht kommt er auch mehr von innen, dieser Geschmack, und hat mit den brennenden Kerzen vor mir zu tun. Außer den Muscheln gibt es noch Brot und Salat. Und ein bisschen Muschelsuppe, für den, der sie mag. Ich lasse es lieber, denn es wird eng in meinem Bauch, und die Vanillecreme muss unbedingt noch hinein.

Spagetti Bolognese *Spagetti mit Fleischsoße*

Leibspeise *Lieblingsessen*

Satt und zufrieden sitzen wir schließlich da, und immer abwechselnd spielt einer den beiden anderen etwas vor. Ein Tier oder eine Berühmtheit. Dann erfinden wir Sätze, die nicht aufhören sollen. Malen Knickbilder. Hakeln mit unseren Fingern. Fangen irgendwann wieder zu singen an und hören nicht auf, obwohl es längst dunkel geworden ist.

Später, als ich im Bett liege und sie nebenan höre, Mama und Hotte, obwohl sie leise sind, und von draußen das Meer, fühle ich mich gut wie schon lange nicht mehr. Dabei war es auch vorher schon gut aber nicht so wie jetzt. Jetzt ist es so gut, dass es mir, wenn ich zufällig daran denke, leise den Rücken hinunterrieselt, und irgendwie auch den Bauch. Ich muss tief durchatmen und finde, dass Hotte gut zu uns passt, zu Mama und mir.

Ich schließe die Augen. Und die Welt draußen dreht sich und wir drehen uns mit. So wie diese kleine Ferienwohnung und das Meer, das man bis an mein Bett hört. Mama und Hotte sitzen nebenan, und wer weiß, vielleicht reden sie ja noch was. Über Kunst, über fremde Länder und über einen Jungen, der die längste Zeit in seinem Leben keinen Vater gehabt hat. Vielleicht wäre es für ihn doch mal ganz schön. Und für seine Mutter ein Mann, auch wenn sie allein alles gut kann. Zusammen ist es irgendwie anders. Es wird noch ein bisschen wärmer im Bauch. Und in den Fingerspitzen und runter bis in die Zehen. Ich seufze, wälze mich von der einen auf die andere Seite und schlafe so schnell doch nicht ein. Obwohl ich einschlafen will, denn morgen ist immerhin auch noch ein Tag.

Und was für ein Tag.

„Der Wind kommt jedenfalls wie bestellt", erklärt Hotte, als er nach dem Frühstück kurz die Nase raushält. „Lassen wir unseren dreiköpfigen Freund heute fliegen!"

Zu zweit ziehen wir los mit unserem dreiköpfigen Freund, wie Hotte den Drachen nennt, der in eine große Plastiktasche gepackt ist.

Mama hätte gern ihre Ruhe, sagt sie, und ihr Buch liest sich beim Drachen-Fliegen-Lassen so schlecht.

Mir ist das nur recht, denn mit Hotte allein komme ich gegen den Wind, der fast schon ein Sturm ist, sowieso besser an. Er bläht unsere Jacken auf, unsere Hosen flattern, während wir uns gegen ihn stemmen. Dann sind wir am Strand.

„Halt mal“, sagt Hotte und gibt mir das Kreuz. Der Faden hat sich verheddert. Hotte entwirrt ihn.

sich verheddern *sich verwickeln, ineinander verschlingen*

„Hast du schon mal einen fliegen lassen?“, fragt er.

„Einen kleinen“, sage ich schnell und fast schon entschuldigend. „Zu Hause bei uns auf dem Feld. Aber er kam nicht sehr weit, weil der Wind zu schwach war und die Kordel zu dünn und der Drachen zu klein.“

„So“, sagt Hotte. Denn endlich ist es so weit. „Bringen wir den großen also erst mal hinauf.“ Er hält ihn weit von sich, rennt los und überlässt seinen dreiköpfigen Drachen bald schon dem Wind, der wütend an ihm zerrt und ihn mit sich zieht. „He!“, schreit Hotte und ich kann sehen, dass er Kraft braucht, dass er weiterrennt, während der Drachen über ihm heult, sich dreht und windet, und plötzlich ist Hotte bei mir, keucht, drückt mir das Kreuz in die Hand und sagt: „Übernimm du ihn!“

Der Drachen reißt an meinem Arm, der Wind zerrt ihn hin und wieder fort, es verschlägt mir den Atem und brennt in meinem Arm. „Hotte!“, rufe ich nur, weil ich nicht weiß, wie lange ich das Kreuz mit der Schnur halten kann.

„Lass ihn!“, ruft er zurück. „Lass ihn hoch hinauf, denn dort will er hin!“

Der Wind rüttelt mich und Hottes Drachen an meiner Hand, der hochschießt, immer noch höher hinauf, der heult und Schleifen zieht weit über den Strand.

Mir steigen Tränen in die Augen, aber das macht vielleicht der Wind.

„Hotte!“, rufe ich noch mal, aber er lacht nur und winkt, ist ein ganzes Stück weiter stehen geblieben, und der Sturm zieht mich mit. Zieht mich weiter. Bald fühle ich den Boden nicht mehr.

„Hotte!“, schreie ich wieder und diesmal kommt Hotte an. Fliegt fast bis zu mir, denn ich bin kurz davor, mit dem Drachen in meiner Hand abzuheben – loslassen kann ich ihn nicht, weil er doch ein wertvoller dreiköpfiger Drachen ist, aber Hotte ist bei mir, er japst und hält mich und mit mir den Drachen. Zu zweit stemmen wir uns schließlich gegen den Wind.

Hart ist es, fordert all unsere Kraft. „Halt durch!“, keucht Hotte. „Halt durch!“ Der Wind zieht und zerrt, reißt auch an Hotte und mir, als wolle er ein Spiel mit uns treiben.

Mit Mühe ziehen wir den Drachen auf den Boden zurück, wo er aufhört zu zerren und zu toben, wo die drei Köpfe schließlich etwas verschlungen und zerzaust daliegen mit ihren langen buntfetzigen Körpern daran, und ich sie zusammen mit Hotte aufwickeln kann.

„Junge, Junge“, sagt Hotte und atmet noch einmal tief durch. Er packt den Drachen in seine Tasche zurück. „Stell dir mal vor!“

Ich schlucke und irgendwie ist es auf einmal so ernst. „Viel hätte wohl nicht mehr gefehlt“, murmele ich, „dann wäret ihr mich jetzt los und hättet Zeit für euch ganz allein.“

Ich beiße mir auf die Lippen, denn eigentlich meine ich das doch gar nicht, aber da ist es längst raus und trotzdem bin ich froh, als Hotte mich kopfschüttelnd ansieht und dann erklärt: „Lino! Was denkst du denn da? Weißt du nicht, wie schön das für mich ist, dass deine Mutter einen Sohn wie dich hat?“

Für einen Augenblick liegt seine Hand auf meiner Schulter. Ich rühre mich nicht, denn die Hand dort tut gut.

Dann kämpfen wir uns durch den Sturm wieder zu unserer Ferienwohnung und Mama zurück.

„Große Güte“, sagt Mama. „Wie seht ihr denn aus?“ Sie guckt von Hotte zu mir, aber wir sagen nicht viel. Was sollten wir auch großartig erzählen, außer dass es stürmisch war und der Drachen so wild.

Später erst, als Mama heißen Kakao für uns gekocht hat und ich es mir unter einer Decke auf dem Sofa bequem gemacht habe, denke ich plötzlich, dass ich froh bin, auch wegen dem Sturm. Und wegen Hotte und dem Drachen, den er gehalten hat, und wegen dem Sohn, von dem er froh ist, dass Mama ihn hat.

Ich nippe an meinem heißen Kakao und gucke immer mal wieder zu Hotte hinüber, der in eine Zeitung vertieft ist. Mauri darf manchmal zum Bau, geht es mir durch den Kopf. Und ich war dafür heute mit Hotte bei Sturm zusammen am Strand und Hotte hat mich gehalten. Wer weiß, ob Mauris Vater so was überhaupt kann.

# 10

Abends hat der Sturm sich gelegt. Wir fahren mit Hottes bunt bemaltem Auto in die nächste kleinere Stadt, spazieren durch Straßen und Gassen, gucken in holländische Wohnzimmer hinein und kommen schließlich am Jachthafen an. Hotte zeigt mir die Schiffe. Kleine Jollen, Motorboote dazwischen, dann Zweimaster und einen Dreimaster sogar.

Jolle *kleines Segelboot*

„Der“, sagt Hotte, „war schon richtig auf See und ist alles andere als ein Ausstellungsstück.“

Mama sagt nichts. Aber was sollte sie auch großartig sagen? Mit Zweimastern und Dreimastern kennt sie sich schließlich nicht aus und hat ja auch noch nie einen Segeltörn mitgemacht. Das einzige Mal, als sie es versucht hat, ist sie so seekrank geworden, dass sie drei Tage nur noch liegen konnte und sich gefühlt hat, als wäre sie beinahe schon tot. War sie zum Glück aber dann nicht. Auf einen Segeltörn will sie nie wieder gehen.

Segeltörn *Fahrt mit einem Segelboot*

Ich gehe eines Tages auf See. Vielleicht ja zusammen mit Hotte, der sich gut auskennt und mir alles zeigt.

„So, so“, sagt Mama, die eine ganze Weile geduldig dabeisteht und sich schließlich auf eine Mauer setzt, während Hotte mir das eingeholte Vorsegel näher erklärt. Wozu es gut ist und wann man es benutzt.

Ich gucke mir alles an, frage und könnte noch Stunden hier verbringen. Nur Mama hat irgendwann von ihrer Mauer genug. Sie rutscht wieder herunter und sagt: „Lasst euch nicht stören, ich laufe schon mal ein Stück. Wir treffen uns im Bistro auf dem großen Platz.“

Bistro
*kleine Gaststätte*

Das wollen Hotte und ich auch wieder nicht. Schließlich gehören wir doch zusammen. Mama und Hotte sind immerhin ein Paar und ich bin sozusagen ihr Kind. Zumindest Mamas Kind bin ich, Hottes ein bisschen jedenfalls auch und als Familie sind wir doch eigentlich gar nicht so schlecht.

Ich fasse nach Mamas Hand, halte sie, damit sie uns nicht noch entwischt, dann gehen wir alle drei nebeneinander die Hafenpromenade entlang.

Promenade
*breiter, ebener Spazierweg*

„Zeig mir ein Schiff“, lacht Hotte, „und schon vergesse ich alles ringsum.“

Mama knufft ihn in den Arm. „Bist eben ein Junge“, sagt sie. „Ein großer.“

knuffen
*mit dem Ellenbogen stoßen*

Ich gucke mir von der Seite an, wie Hotte zurückknufft. Sie kabbeln sich noch, aber dann kommt es doch wieder zu einem Kuss. Und ich schiebe mich irgendwann zwischen die beiden und sage: „Endlich habe ich mal einen, der mir alles erklärt.“

sich kabbeln
*sich spaßhaft streiten*

Vom Hafen weg kommen wir wieder zurück in den Ort, bleiben manchmal vor den Schaufenstern stehen, Mama zeigt Hotte kleine Schalen und Kannen, antike Schränke und Tische und mir zeigt sie im Schaufenster eines Fischladens einen riesigen Fisch. Kalt und starr liegt er da, mit halb geöffnetem Maul.

antik
*alt, altertümlich*

„Vielleicht“, überlegt Hotte mit einem Seitenblick auf Mama, „haben wir morgen noch ein bisschen Zeit zum Angeln.“

„Unbedingt!“, stimme ich ihm begeistert zu.

„Unbedingt“, erklärt auch Mama, obwohl es irgendwie nicht nach einem Unbedingt klingt.

Wir essen jeder noch eine Portion Fisch auf die Hand und fahren schließlich wieder zurück zu unserer Ferienwohnung.

Irgendwann liege ich todmüde im Bett. Sollen die beiden doch auch mal einen Abend für sich haben, sage ich mir, dann schlafe ich ein, schlafe wie ein Stein und bin am nächsten Morgen früh wach. Lese, weil von Mama und Hotte noch nichts zu sehen ist, aus lauter Rücksicht in meinem Buch. Höre eine Kassette. Stehe irgendwann auf und gehe aufs Klo. Lege mich wieder hin. Lese noch ein bisschen. Dann kann ich nicht länger warten und sause durch den Flur bis zu ihrem Zimmer, klopfe an ihre Tür.

„Wir sind noch nicht da“, erklären sie schläfrig und ich bleibe an der Tür stehen. Lasse nicht locker, bis sie einsehen, dass es längst Zeit zum Frühstücken ist und schließlich für unser Meer.

Hottes Drachen bleibt jedoch zu Hause. „Ohne Wind“, sagt Hotte augenzwinkernd, „kriegt man ihn nicht vor die Tür.“

Mir macht das nichts aus, denn der Ausflug gestern war aufregend genug und am Meer ist es so oder so schön. Und im Meerestier-Zoo, in dem wir schließlich landen und allerhand seltsame Fische zu sehen bekommen, die es im Meer hier anscheinend gibt.

„Siehst du den da?“, fragt mich Hotte und zeigt mir einen großen mit ganz breitem Maul. „So einen fangen wir uns gleich, denn ich könnte mir vorstellen, dass er gut schmeckt."

„Mmh", sage ich jedenfalls und nicke. Obwohl ich ihn nicht unbedingt essen müsste, das nicht.

„Und wer nimmt ihn vorher aus?", will Mama wissen und ihre Hand streicht mir über den Kopf. Ich weiche zurück. Weil Hotte es vielleicht komisch findet, denn schließlich bin ich schon alt.

ausnehmen *hier: aus einem toten Tier die inneren Organe entfernen*

„Wer wohl?" Hotte guckt Mama an. Mama guckt Hotte an.

„Wer die stärksten Nerven hat", sagt Hotte, „der."

„Also die."

Diesmal küssen Hotte und Mama sich nicht.

Wir laufen weiter an den Aquarien vorbei, in denen es außer den Fischen auch noch Muscheln, Plankton und Krebse zu sehen gibt. Vielleicht sollte ich Mauri ja noch einen fangen.

Plankton *im Wasser treibende kleine Pflanzen und Tiere*

Ich denke an ihn und vermisse ihn, auch wenn es schön ist, mal der Einzige zwischen zwei Großen zu sein. Zumindest zwischen Mama und Hotte, die es gut mit mir meinen. So gut, dass ich sogar ein Eis spendiert kriege und sie notgedrungen gleich mit. Wir sitzen auf der Treppe vor dem Meerestier-Zoo, essen unser Eis und ich denke, dass die Zeit viel zu schnell vorbeigeht hier an diesem Meer, wo alles schön ist und ich mir vorkomme wie einer, dem beinahe nichts fehlt. Ich lutsche und schlucke und möchte nicht, dass es aufhört, aber das tut es dann doch.

„Wenn ihr noch angeln wollt", sagt Mama, „wird es Zeit."

Bestimmt zwei oder drei Stunden verbringe ich mit Hotte an diesem Spätnachmittag noch allein. Wir laufen weit und finden irgendwann eine Stelle, an der es mit dem Angeln klappt. Einigermaßen jedenfalls und wir fangen tatsächlich ein paar Fische, allerdings ist der, den Hotte gern aus dem Wasser herausgeholt hätte, nicht mit dabei. Hotte ist nachdenklich und ich bin das auch. Zusammen mit Hotte nachdenklich zu sein, geht gut.

Müde kehren wir in unsere Ferienwohnung zurück. „Na, ihr beiden", sagt Mama und wirft einen neugierigen Blick in unseren Eimer. „Was ist mit unserem Abendessen?"

„Schwimmt draußen im Meer", brummt Hotte und grinst. „Lino hatte Mitleid und ich irgendwie auch."

Mama sieht uns an. „Ihr seid mir Helden", sagt sie und ein Lächeln huscht über ihr Gesicht. „Dann wird uns wohl nichts anderes übrig bleiben, als zu verhungern." Sie zuckt mit den Achseln. „Oder wir fragen, ob es im nächsten Restaurant noch was für uns gibt."

Wir haben Glück, werden jedenfalls alle drei satt, und das außerdem gut.

Mama lädt uns ein.

sich revanchieren *eine Gegenleistung erbringen*

„Beim nächsten Mal", sagt Hotte, „revanchiere ich mich."

Als wir in die Ferienwohnung zurückkehren, beginnt es zu regnen und Mama seufzt: „Wenigstens fällt uns der Abschied dann nicht so schwer."

Mir fällt er schwer. Ob mit oder ohne Regen. Denn am Meer war es schön und von mir aus hätten wir noch Wochen bleiben können. Aber gleich am nächsten Morgen müssen wir wieder los. Weil Mama in ihrem Übersetzerbüro nicht länger freikriegt und ich ja auch Schule habe, von der Mama mich leider immer noch nicht abgemeldet hat, und deswegen muss ich wohl hin. Will ich eigentlich auch, denn immerhin sehe ich Mauri dort wieder. Und sonst noch ein paar. Ja, auch Lilli.

„Ich könnte bleiben", sagt Hotte, als wir unsere Sachen zusammenpacken. Und Mama fragt: „Warum tust du es nicht?"

Ich blicke auf. „Ja, aber ..."

Hotte winkt ab. „Ohne euch wäre mir das schönste Meer doch nichts wert."

Ich atme auf. Was Mama sich denkt. Außerdem brauchen wir doch auch Hottes Auto, ohne das wir wohl schlecht nach Hause zurückkämen.

„Lass mich ans Steuer", sagt Mama, als sämtliches Gepäck verstaut ist. Dann fahren wir los und Hotte guckt in die Landschaft, wie ich.

Im Regen sieht alles irgendwie trauriger aus. Dabei gibt es dafür keinen Grund außer dem, dass wir nach Hause fahren und das Meer, die Wiesen und Dünen nicht mitnehmen können.

Ich drücke mich in meine Rückbank, gucke unauffällig zu Hotte hin und bin froh, dass ausgerechnet er der Neue meiner Mutter ist. Genau genommen ist er ja beinahe schon alt. Jedenfalls kennen die beiden sich inzwischen tausendmal länger als Mama und Tom. Und so lang hat Mama es bisher noch mit keinem geschafft. Außer mit Papa, aber der ist weit weg und hat ja auch nichts anderes als seine Spezialverschlüsse im Kopf. Hotte ist nett.

Ich kaue auf meiner Lippe herum. Der Regen klatscht gegen die Windschutzscheibe. Die Scheibenwischer kommen fast nicht gegen ihn an.

„Wenn das so weitergeht“, sagt Mama, „müssen wir wohl noch schwimmen.“

„Ach was!“ Hotte winkt ab. „Das bisschen Regen macht aus der Autobahn so schnell keinen Fluss. Und wenn doch, kann ich euch ja retten.“

Ich muss grinsen und finde Hottes Vorschlag gar nicht so schlecht.

Mama kann nicht recht darüber lachen. „Macht, was ihr wollt“, sagt sie. „Ich habe lieber wieder festen Boden unter den Füßen. Und die eigenen vier Wände um mich.“

Hotte dreht sich zu mir um, zuckt mit den Achseln.

Ich zucke auch.

Manchmal kann Mama komisch sein. Und so ernst. Sie fährt und fährt, und irgendwann reden Mama und Hotte zum Glück wieder und es klingt auch normal. Fast bin ich froh. Auch darüber, dass wir Hottes Rettungsschwimmerkünste nicht testen müssen, weil der Regen irgendwann wieder nachlässt und die Autobahn Autobahn bleibt.

Zu Hause angekommen schleppen wir das ganze Gepäck für die Nordpolexpedition wieder in die Wohnung hinauf. Nur Hottes Reisetasche und den dreiköpfigen Drachen lassen wir in seinem Auto zurück.

Ich werfe einen Blick zu Mama hinüber. Hätte sie gern gefragt. Aber irgendwie traue ich mich nicht. Außerdem müsste ja auch Hotte seine Sachen bei uns abstellen wollen statt bei sich zu Hause. Überhaupt, ich weiß nicht einmal, wo er wohnt. Ich beiße mir auf die Lippe, verschiebe die Frage auf später. Weil der Moment gerade nicht der günstigste ist.

Mama kocht einen starken Kaffee. Es gibt Kekse dazu. Für mich gibt es Saft.

„Schön war es mit euch", sagt Hotte schließlich. Er guckt mich an und Mama, und ich sage: „Jedenfalls fand ich das auch." Dann steht er auf. „Damit ich nicht noch vergesse, wo mein Bett steht", sagt er und grinst.

Ich schnappe nach Luft. Habe auch jetzt fast auf den Lippen, was dann aber doch nicht ganz kommt. Außerdem müsste Mama es Hotte vielleicht sagen. Aber Mama, die sagt es ihm nicht. Sie legt ihren Arm um ihn, küsst ihn. Hotte streicht mir, bevor er hinausgeht, noch über den Kopf. „Bis bald", sagt er. „Und dann wird auch wieder geübt."

„Sowieso."

Durch den halb offenen Türspalt kann ich sehen, wie sie noch dastehen und reden. Wie sie sich wieder umarmen und küssen. Dann fällt die Tür hinter Hotte ins Schloss und ich bin mit Mama allein.

„Du magst ihn, nicht wahr?", sagt sie, während sie damit beginnt, die Kannen, Tassen, die Marmeladengläser, den Käse und all das sonstige Zeug wieder in die Schränke zu räumen.

„Du ja wohl auch“, erwidere ich schnell.

„Ja“, sagt Mama und seufzt. „Ich ja wohl auch.“

hantieren *sich beschäftigen, arbeiten*

Einen Augenblick sind wir still. Mama hantiert mit dem Geschirr. Ich bin damit beschäftigt, Kekskrümel vom Tisch zu fegen. „Was ich noch fragen wollte“, beginne ich plötzlich und erschrecke fast über mich selbst.

Mama blickt auf und in meinem Kopf ist es auf einmal ganz leer – bis auf den Gedanken, dass für Hotte doch eigentlich genug Platz bei uns ist. Viele Sachen hat er vielleicht nicht und außer dem Drachen und seiner Reisetasche hat er bestimmt auch noch ein bisschen Werkzeug zu Hause. Er könnte uns Hängeschränke anbringen, die sparen doch Platz und vielleicht hätten wir mit Hotte am Ende noch mehr Platz als ohne.

„Jedenfalls ...“ Ich sammele die Spucke in meinem Mund, die mir im Weg ist. „Jedenfalls fehlen uns ja noch eine Laubsäge und ein Hammer, und die Bohrmaschine funktioniert doch auch schon lange nicht mehr und ...“ Ich befördere erneut einen Kekskrümel vom Tisch. Mein blödes Herz klopft. Und weil es nicht aufhören will, frage ich schließlich: „Du hast doch nichts dagegen, dass ich schnell mal bei Mauri anrufe?“

Mama guckt mich an, als hätte ich ihr gerade erklärt, ich käme vom Mond. „Bitte was?“, fragt sie. Und ich sage nichts, rutsche achselzuckend von meinem Stuhl.

„Gut wieder gelandet“, melde ich mich bei meinem besten Freund kurz darauf am Telefon wieder zurück.

Und bevor wir zu den Einzelheiten kommen, frage ich gleich: „Kommst du vorbei?“

Keine halbe Stunde später sitze ich mit Mauri in meinem Zimmer und erzähle vom Drachen, der mich fast mit sich gerissen hätte, von Hotte, der zum Glück stark genug war, und dass er sich mit Lebensgefahren sowieso bestens auskennt. „Immerhin ist er fast ertrunken, als er über Bord ging, damals, aber im letzten Moment ja dann nicht.“

Mauri sitzt mit weit aufgerissenen Augen da, als ich schließlich von den Dreimastern schwärme, die Hotte mir gezeigt und erklärt hat. „Und vielleicht“, füge ich schnell hinzu, „nimmt er mich eines Tages sogar mal mit. Mich und dich noch dazu, weil du ja mein Freund bist, könnte doch sein.“

Mauri rutscht ein Stück näher zu mir. Und ich bin aufgeregt und seltsam froh. „Könnte sein“, höre ich mich nach einer Pause leise sagen, „wir wohnen demnächst zu dritt.“

„Ist ja verrückt“, sagt Mauri.

Und ich nicke hastig, obwohl ich es doch eigentlich selbst noch nicht weiß und Mama ja auch noch nichts davon gesagt hat. Genauso wie Hotte. Aber immerhin habe ich Augen im Kopf und Mauri sagt: „Wenn das kein Grund zum Feiern ist!“ Er stößt mich an. „Dann hast du endlich auch einen Vater.“

„Und auch noch so einen.“ Ich seufze.

Mauri seufzt auch. „Kann man ja glatt neidisch werden“, murmelt er und ich bin froh, dass er mein Freund ist, weil er mich versteht.

aufstöbern *entdecken, finden*

„Warte!“, sage ich, sause in die Küche, stöbere Saft, ein paar Kekse und Lakritzschnecken auf, und als Mama fragt, was wir vorhätten, sage ich nur: „Ist Jungensache, nichts für dich.“

„Jungensache“, wiederholt sie, „da kann ich wohl nichts machen?“

„Überhaupt nichts.“ Ich drücke mich an ihr vorbei. „Tut mir leid.“

Mit Mauri kann man gut feiern. Ihm fällt sogar noch ein Spruch über Treue und Ewigkeit ein, und wenn wir auch beide grinsen, so ist es doch irgendwie ernst und ich stelle mir vor, dass es sich bei einer Hochzeit ungefähr so anfühlen muss. Vielleicht gibt es ja bald eine. Eine echte, die nicht im Geringsten geheim ist oder reine Jungensache, sondern eher das Gegenteil davon und zu der Mauri in meinem Namen jedenfalls schon herzlich eingeladen ist. Schließlich gehöre ich zu dieser Hochzeit dazu und habe doch wohl ein Mitspracherecht.

„Hotte als Bräutigam“, murmele ich und kaue auf einem Keks, „und meine Mutter als Braut.“

Mauri grinst.

Und ich fahre fort: „Wenn sie mich fragt, ob ich will, sage ich jedenfalls Ja. Aber nur unter der Bedingung, dass mein Taschengeld erhöht wird und vielleicht doch auch noch ein Saxophon dabei herausspringt.“

Mauri ist begeistert und auch mir gefällt meine Idee ziemlich gut. Wenn Mama mich fragt, ob sie soll, werde ich antworten: „Worauf wartest du noch?“ Und dann feiern sie Hochzeit und ich bin eine Art neuer Sohn, denn Sohn bin ich ja längst, wenn auch nicht von Hotte. Sohn bin ich von Mama und einem, der Spezialist für Verschlüsse von Tuben aller Art geworden ist und Hermann heißt. Hotte klingt besser. Und eine Art Vater zu haben, der für einen da ist, kann auch mal nicht schaden. Und überhaupt. Ich lehne mich auf meinem Bett neben Mauri zurück, der sich unaufhörlich Lakritze in den Mund schiebt und sagt: „Dann fehlt dir jetzt nur noch die richtige Schwester."

Spezialist *Fachmann*

Ich starre ihn an. „Du spinnst", sage ich und tippe mir mit dem Finger an die Stirn. „Deine reicht doch wohl vollkommen aus."

Auch wenn es im Moment vielleicht nicht ganz uninteressant mit ihr ist, wie Mauri mir jetzt erzählt, weil neuerdings immer einer für sie anruft oder sogar bei ihnen zu Hause aufkreuzt und sie küsst, weil sie mit ihm geht.

Ich fasse es nicht. Und Mauri muss mir alles erzählen, schließlich ist er mein Freund.

Wir stoßen uns mit den Ellenbogen an, feiern noch ein bisschen, bis ich vorschlage, dass wir genauso gut noch mal zu ihm gehen könnten, zum Beispiel jetzt. Zeit hätte ich, und vielleicht ist ja auch seine Schwester zufällig da und es gibt was zu sehen.

„Klar", sagt Mauri. Wir lassen Kekskrümel, Lakritzreste und den halb leer getrunkenen Saft auf dem Fußboden zurück und ich erkläre Mama, dass wir noch etwas zu erledigen hätten, was aber wieder mal nichts für sie sei.

Mama steht da und guckt. „Na hör mal!“, sagt sie, will sich beschweren, sieht es zum Glück aber ein. Schließlich erzählt sie mir auch nicht in allen Einzelheiten von Hotte und sich. Und Mama ist nun mal Mama. Die weiht man doch nicht in Beobachtungen ein, die man anstellt, weil man nicht anders kann. Lilli hat gewissermaßen auch damit zu tun, auch wenn es ganz etwas anderes ist und Lilli ja auch meistens nicht guckt. Genau wie ich, denn zu oft gucken schaffe ich nicht.

Bei Alina, die uns die Tür öffnet, gucke ich ja auch nur kurz hin und gleich an ihr vorbei in den Hausflur, wo vielleicht einer steht.

„Bist du allein?“, fragt Mauri sie jetzt und sie grinst, dreht sich um und lässt uns einfach da stehen.

„Komm!“, sagt Mauri zu mir und wir folgen Alina in die Küche, wo einer sitzt, der Alinas Liebster sein muss. Knallblau sind seine Haare gefärbt. Er hebt nur kurz den Kopf und sagt: „Hi!“

„Hi!“, sagen auch wir und zu allem Überfluss werde ich leider rot, zumindest fühlt es sich ganz danach an, dabei habe ich doch eigentlich gar nichts mit alldem zu tun. Weder mit Alina noch mit dem Jungen, der am Küchentisch sitzt und auf nichts anderes mehr guckt als auf sie. Alina ist ja auch was zum Gucken. Selbst mir passiert es manchmal.

„Wir kommen nur mal so“, sagt Mauri jetzt und tut, als würde er gerade etwas Wichtiges in einem der Küchenschränke suchen. „Und außerdem war bei Lino gerade nichts los. Bis auf die Hochzeit, die es demnächst vielleicht bei ihm gibt.“

„Hochzeit?“, fragt Alina und prustet los. „Sag bloß, du heiratest schon!“

Mein Kopf glüht so sehr, dass ich Angst habe, er könnte verglühen. Ich bin sauer auf Mauri, denn was fällt ihm ein?

Alinas Liebster grinst jetzt, und während ich mich mit meiner Antwort noch abmühe, zieht er Alina zu sich hin, umarmt sie, küsst sie und hört nicht wieder auf.

Ich stammele und murmele etwas, weiß nicht, wohin ich überhaupt noch gucken soll, also gucke ich hin und gucke dann gleich wieder weg und weil Mauri gerade dasselbe macht, gucken wir uns an und augenblicklich bin ich nicht mehr sauer auf ihn.

Alina und ihr Liebster haben jedenfalls anderes im Sinn, als an eine Hochzeit zu denken, die bei mir zu Hause stattfinden soll. Alina und ihr Liebster sind viel zu sehr mit sich selber beschäftigt. Und mir wird fast schwindelig vom Dabeistehen und Gucken. Weggehen schaffe ich nicht. Schließlich kramt Mauri ja immer noch im Küchenschrank herum, obwohl er die meiste Zeit woandershin guckt. Und außerdem bin ich doch sein Freund und wüsste gar nicht wohin. Vielleicht will er nicht in sein Zimmer. Ich habe Durst, glaube ich zumindest. Mauri jedenfalls hält nach einer halben Ewigkeit endlich zwei Gläser in der Hand und nach einer weiteren Ewigkeit auch noch den Saft.

Dann endlich befreit sich Alina aus den Armen, die ihr Liebster um sie geschlungen hat, und sie fragt: „Habt ihr denn immer noch nicht genug?“

Ich stehe ein bisschen auf der Leitung, bis ich überhaupt kapiere, dass sie uns meint, Mauri und mich, und ich weiß nicht, wovon sie überhaupt spricht.

„Wieso?", fragt Mauri jetzt. „Ist es etwa verboten, in seiner eigenen Küche zu stehen?"

„Nein", lacht Alina, „das ist jederzeit und besonders für dich und deinen Busenfreund Lino erlaubt."

Busenfreund *besonders guter Freund*

Ich schnappe nach Luft. Busenfreund! Busenfreund ist doch wohl eher ihr Liebster, nicht ich. Bei Mauri habe ich genau das jedenfalls noch nie im Allergeringsten gesehen. „Komm!", sage ich und es ist mir egal, was mit dem Saft noch passiert und ob er tatsächlich in beiden Gläsern landet und daraufhin in unserem Bauch. Busenfreund! Das wäre ja noch schöner. „Wir haben sowieso Wichtigeres zu tun."

Ich ziehe Mauri am Ärmel hinter mir her und er fragt zum Glück nicht, was das Wichtigere überhaupt ist. Denn vielleicht wüsste ich gerade keine Antwort darauf, obwohl Alina wohl nicht mehr alle Tassen im Schrank hat und ihr komischer Liebster dazu. Sollen sie sich doch allein wichtigmachen und küssen, was ist schon dabei? Bei Mama und Hotte sehe ich es ja auch jeden Tag. Aber was weiß Mauris Schwester Alina schon und ihr Liebster mit dem knallblauen Haar? Ich spiele jedenfalls tausendmal lieber Fußball mit Mauri oder rede mit ihm über dreiköpfige Drachen.

# 11

Die Tage nach Holland sind beinahe so schön wie die vor Holland. Der Sommer ist immer noch Sommer. Wir fahren mit den Fahrrädern raus zu einem See, springen alle drei nackig hinein, Mama, Hotte und ich, schwimmen im eiskalten Wasser und liegen später auf den Decken, trocknen in der Sonne, werden schläfrig und fahren müde wieder nach Hause, wo es auch schön ist, wo die Balkontüren die meiste Zeit offen stehen und manchmal ein Gewitter über uns kracht. Freunde von Mama kommen zum Grillen und Hotte ist mit dabei und es wird lustig, beinahe so wie an unserem Abend in Holland zu dritt.

Aber dann, ich weiß selbst nicht warum, ist irgendwas anders. Mama meckert irgendwie schneller als sonst. Sie ist schlecht gelaunt und manchmal mit ihren Gedanken nicht da. Wer neuerdings auch viel weniger da ist, ist Hotte. Als ich Mama frage, sagt sie nur: „Ja, ja, Hotte musste ein paar Tage weg. Wegen seiner alten Schränke, die er verkauft."

„Und wann kommt er wieder?", frage ich sie.

Mama zuckt mit den Achseln. Und ich warte ab. Kriege ein seltsames Gefühl, aber vielleicht ist das ja Quatsch.

Schließlich habe ich Hotte am Telefon neulich nach Cat Stevens gefragt.

„Cat Stevens", hat er gesagt und es hat plötzlich

Cat Stevens *bekannter Rockmusiker*

wehmütig geklungen, „ich habe noch Kassetten von ihm, die suche ich gleich für dich raus."

Gleich ist aber jetzt auch schon wieder einige Tage her und von den Kassetten gesehen habe ich bisher jedenfalls nichts. Dabei warte ich doch nicht nur darauf, sondern auch auf eine Frage an mich, die hoffentlich bald kommt. Von Mama oder gleich von beiden zusammen. Und weil ich die Antwort doch weiß und mein Herz schon bei dem Gedanken daran schneller zu schlagen anfängt.

„Sieben mal neun?", murmele ich, schreibe die Antwort schnell in mein Heft, zähle noch 13 hinzu und halte kurz inne. Lausche, was Mama nebenan tut. Telefoniert sie wieder? Oder ist Hotte von seiner Schränketour inzwischen zurück? Wer weiß, aber vielleicht zaubern sie nebenan schon mal einen festlichen Tisch mit Kuchen und Kerzen und dann holen sie mich ...

Ich werfe mich in die Lehne von meinem Stuhl. Nebenan klappert tatsächlich Geschirr. Ich halte die Luft an. Gleich wird es klopfen, Mama wird den Kopf zur Tür hereinstecken und sagen: „Lino! Hast du einen Augenblick Zeit? Ich würde gern etwas mit dir besprechen."

Dabei ist es mir gar nicht immer lieb, wenn sie ankommt und es sagt. Heute hätte ich nichts dagegen. Heute hätte ich sogar etwas dafür. Erst recht, wenn es dazu Kuchen gäbe und einen festlichen Tisch. Sogar ein paar Blumen, denn immerhin hat, was wir zu bereden haben, mit Liebe zu tun und betrifft ja schon uns drei.

Ich beiße mir auf die Lippe.

Zum ersten Mal in meinem Leben könnte ich mir vorstellen, dass ich nicht mit Mama allein wohne, sondern dass es noch einen gibt. Einen, den ich schon kenne. Und der mit uns in Holland war und dessen E-Gitarre immer noch bei mir steht. In meinem Bauch flattert es, während ich daran denke. Weil man manchmal ja auch einen zum Reden über Sachen braucht, die mit Mama nicht gehen. Mama ist Mama und nun mal eine Frau. Hotte ist ein Mann. Und genau das habe auch ich vor zu werden.

Auf einmal hält es mich nicht mehr auf meinem Stuhl. Ich schleiche zur Tür, spitze die Ohren, aber im Flur und in der Küche ist jetzt alles still. Ich hole tief Luft. Und weil Mama nicht klopft und auch nicht fragt, ob ich Zeit habe, gehe ich einfach zu ihr. Zeit hätte ich nämlich. Und es interessiert mich ja auch.

Meine Zimmertür öffnet sich lautlos. Mit ein paar Schritten bin ich durch den Flur, überlege mir noch, wie ich am besten davon anfangen soll, da empfängt Mama mich mit einem nachdenklichen Blick, beinahe ernst sieht er aus, und sie sagt: „Ach Lino, setz dich mal zu mir!“ Sie schiebt mir ein paar Kissen auf dem Sofa zurecht und dann sitzen wir da, wie wir manchmal dasitzen und wie ich es gern habe, und plötzlich weiß ich nicht mehr.

„Was ist los?“, höre ich mich jetzt fragen. „Mit Hotte und dir?“

Mama antwortet nicht gleich. Mein Herz wird ganz schnell.

„Ach Lino“, seufzt Mama.

Ich gucke sie an. „Ich dachte, diesmal geht es vielleicht.“ Ich schlucke. „Ich dachte, wenn ihr mich fragt …“ Ich breche wieder ab, meine Stimme wird ganz dünn und plötzlich weiß ich, dass sie mich nicht fragen, weil ja auch der Tisch nicht festlich gedeckt ist und nicht mal Blumen da stehen.

Nichts steht da, und Hotte ist schon seit Tagen nicht mehr bei uns gewesen, und selbst wenn er mit seinen Schränken zu tun hat, so ist irgendwas anders als sonst.

Ich fühle den Arm von Mama, der sich um mich legen will. „Sag, was mit euch ist!“, fordere ich sie auf und schiebe ihren Arm wieder zurück.

„Wenn ich das selbst so genau wüsste“, sagt Mama.

Still ist es im Wohnzimmer, so still, nicht mal meinen eigenen Atemzug höre ich noch.

„Aber es ist nur vorübergehend, dass du es nicht genau weißt, oder?“, frage ich weiter.

Mama rutscht neben mir auf dem Sofa herum. Sie sagt nichts, druckst nur und ich sage: „Schließlich war es in Holland doch schön und außerdem steht sein Rasierzeug noch hier. Und demnächst vielleicht auch seine Bücher und Tassen und Teller und die Bohrmaschine und alles. In deinen Schränken wäre doch auch für seine Hemden noch Platz, und wenn er noch einen antiken Schrank für den Flur hat, wäre das doch nicht schlecht. Schließlich brauchen wir einen, du selbst hast das doch gesagt. Und einen Föhn, weil der alte bald hin ist. Hotte hat bestimmt einen, den er mitbringen kann. Und wenn du mich fragst, dann müsste es nicht länger sein, das mit dir hier allein. Mauri hat schließlich auch einen Vater, und Hotte wäre jedenfalls besser als nichts. Immerhin hat er dir ja auch Ohrringe geschenkt und ich dachte, bald ist es so weit."

Mama sitzt still und guckt in die Luft. So ernst ist sie um den Mund geworden. Und ein paarmal hintereinander nickt sie, aber sie sagt kein Wort. Erst als ich sie anstoße und frage: „Also, was ist? Wann kommt Hotte wieder zu uns? Und kann er nicht gleich seine Sachen mitbringen?", schüttelt sie den Kopf und sagt: „Nein, Lino. Tut mir leid. Aber ich fürchte, daraus wird nichts."

Schwindelig wird mir auf einmal. „Und warum nicht?", höre ich mich.

„Weil ..." Mama seufzt. „Weil ..." Sie steht plötzlich auf, geht ein paar Schritte durchs Zimmer, setzt sich wieder hin. „Weil ich glaube, dass wir nicht zueinandergehören, Hotte und ich."

Jetzt werde ich blass. Jedenfalls fühlt es sich in meinem Kopf exakt so an. Als sackte alles Blut gleichzeitig aus ihm heraus irgendwohin, in die Füße oder weiß der Kuckuck, in die Kniekehlen vielleicht. „Heißt das ..." Ich schnappe nach Luft. „Und was ist mit mir? Und mit Hotte und meiner Gitarrenmusik?" Meine Faust verschwindet in einem der Kissen. So wütend bin ich, auf Mama, auf mich und auf Hotte und überhaupt auf die ganze Welt, die so ungerecht ist. Warum fragt nie einer danach, zu wem ich gehöre? Mama

exakt – *genau*

denkt doch sowieso immer nur an sich und an ihre Liebschaften, solange sie will. Dass ich keinen Vater habe, der bei mir bleibt, interessiert sie doch nicht.

Ein Kissen fliegt gegen die Wand. Und ich stehe da und kämpfe gegen diese verdammten Wuttränen an. „Wenn Hotte hier nicht mehr auftauchen darf", schreie ich, „dann verschwinde ich jedenfalls auch."

„Nun mach aber mal einen Punkt", versucht Mama mich zu beschwichtigen. Aber dann schimpft sie plötzlich los. Dabei ist schimpfen das Letzte, was Mama jetzt darf. Schließlich war sie es, die unbedingt ans Meer fahren wollte, und das auch noch zu dritt. Hätte sie mir ja gleich sagen können, dass es sowieso zwecklos ist, weil sie nicht zusammengehören, sie zwei.

„Mach deinen Mist doch alleine!", schreie ich und bin auch schon bei der Tür. „Mich bist du jedenfalls los, denn ich gehöre auch nicht zu dir."

Die Tür knallt hinter mir zu. Ich sause die Treppe hinunter, höre, wie sich die Tür wieder öffnet. „Lino!" Mamas Stimme hallt durchs Treppenhaus, aber ich stelle mich taub. Springe die letzten Stufen hinunter, weil ich die Tränen sowieso nicht länger zurückhalten kann und Mama mich mal gern haben soll.

Die Straße empfängt mich mit dem üblichen Lärm. Ich stürze mich hinein, habe genug, endgültig genug von Mamas Liebschaften, von all ihren Ohrringen und den Abenden, die ich immer allein verbringen muss. Allein komme ich sowieso am besten zurecht. Ohne sie und Hotte und überhaupt ohne die ganze Welt, die doch mit schuld daran ist. Warum werden auch all diese verdammten Spezialverschlüsse für Tuben aller Art gebraucht und was ist eigentlich immer so schwierig an dieser Liebe, die kommt und wieder geht?

Ich schiebe die Hände in die Hosentaschen, laufe die Straße hinunter, schnell, sodass Mama, falls sie meint, es zu müssen, mich nicht einholen kann. Durch Knäuel von Menschen schlängele ich mich hindurch, nehme Abkürzungen durch Seitenstraßen, ändere die Richtung, laufe und fühle mich allein wie noch nie.

Warum habe ich Hotte nicht gleich am ersten Tag wieder mit Stinkbomben vertrieben? Warum habe ich ihm nicht gleich vor die Füße gespuckt oder pausenlos gegen ihn gewettert und ihm die Hemdärmel zerschnitten? Mit Marmelade hätte ich seine Schuhe vollschmieren sollen. Hauptsache, er wäre gar nicht erst wieder gekommen zu uns. Was soll ich nur tun? Er hat alles durcheinandergebracht. Und jetzt, was ist jetzt? Denkt er überhaupt noch an mich? Und Mama? Die denkt doch auch wieder mal nur an sich.

An einer Straßenkreuzung bleibe ich stehen, warte, habe dreimal den Fuß schon auf der Straße, ziehe ihn aber jedes Mal wieder zurück, weil es halsbrecherisch wäre, es auf dem Weg zu versuchen.

halsbrecherisch *lebensgefährlich*

Ich gehe bis zur Ampel, überquere die Straße bei Grün und gerate in ein großes Kaufhaus hinein. Ich fühle den warmen Wind von der Lüftung aus dem Boden aufsteigen. Drinnen ist es wenigstens kühl. Ich laufe an Regalen voller Bonbons vorbei, dann kommt Bettwäsche, Schmuck und schließlich Parfüm, das auch Mama immer kauft, damit sie besonders gut riecht. Mir soll es von nun an egal sein, wie überhaupt alles an ihr. Ich bin die längste Zeit ihr Lino gewesen, weil sie ja auch nie daran denkt, was mit mir überhaupt ist.

Außerdem wüsste ich ganz gern, was ihr an Hotte plötzlich nicht mehr gefällt. Am Anfang hat sie doch auch von ihm geschwärmt und Löcher in die Wände geträumt und ich finde Hotte jedenfalls gut. Mehr als gut. Am besten finde ich seine Musik und dass er früher gleich hinter der Bühne geschlafen hat, aber das interessiert Mama ja nicht.

Die Kaufhausregale sind voller Sachen und ich weiß nicht mehr, wohin.

„Kann ich etwas für dich tun?“, spricht mich plötzlich eine Verkäuferin mit hellrotem Lippenstift an.

Ich schrecke zurück, schüttel den Kopf. „Für mich“, murmele ich, „kann niemand etwas tun, außer Mama und Hotte, aber die tun es ja nicht.“

„Mama und Hotte“, wiederholt die Verkäuferin überrascht und guckt mich mitleidig an. Mir schießen Tränen in die Augen. Dabei bin ich fast elf. „Ist auch egal“, sage ich hastig. „Ist alles egal.“ Ich lasse die Verkäuferin stehen und sause davon.

Mit der Rolltreppe fahre ich in die erste, dann in die zweite Etage hinauf. Vielleicht gibt es ja irgendwo einen Platz zwischen Decken und Jacken, wo ich mich in der Nacht verstecken kann, ohne dass jemand es merkt.

Ich laufe weiter, denn zu warten, bis es Abend wird, schaffe ich nicht.

Zu Mauri könnte ich gehen, denke ich, als ich die Rolltreppe wieder hinunterfahre, erst an der Herrenoberbekleidung, dann an der Damenoberbekleidung vorbei, Mauri ist schließlich mein Freund. Aber Mauri wird der Erste sein, bei dem Mama mich sucht. Außerdem hat Mauri ja auch seinen Vater und dessen Bau und ich komme genauso gut alleine zurecht.

Die Spielzeugabteilung liegt direkt auf meinem Weg. Ich entdecke Jungensachen. Dann die für Mädchen. Und ich sehe zu spät, wer vor einem Tisch voller Haarspangen, Portemonnaies, Glitzerketten und Ringe steht und aufblickt, mir direkt ins Gesicht.

Portemonnaie *Geldbeutel*

„Na, so was!", sagt Lilli und sie lächelt mich an. „Was machst du denn hier?"

Mein Gesicht wechselt augenblicklich die Farbe, ich weiß es genau, und mein Mund bringt leider nicht viel heraus. Nur gucken kann ich. Und einen Augenblick lang vergessen, was mich gerade noch durch das Kaufhaus getrieben hat. Seltsam leer ist es plötzlich in meinem Kopf, als wäre darin nur noch Stroh.

„Ist was mit dir?", fragt Lilli. „Du siehst ja aus, als hättest du gerade geheult."

„Ich? Unsinn." Ich zucke die Achseln und obwohl ich noch stehen bleiben will, gehen meine Beine weiter und ich gehe mit. „Alles okay, was denn sonst?", höre ich mich noch sagen. Dann bin ich aus dem Kaufhaus auch schon wieder heraus. Laufe ein Stück und es fühlt sich anders als vorher an, auch in meinem Bauch.

Kurz überlege ich sogar, ob ich noch mal umkehren

soll, um Lilli zu fragen: „Und was ist mit dir? Ist mit dir auch alles okay?“ Aber irgendwie kommt mir die Frage blöd vor und ich lasse es sein.

Der Tag ist kein guter Tag, so viel steht fest. Und überhaupt frage ich mich, wie ich je wieder froh werden soll.

# 12

Ewig laufe ich in Kaufhäusern herum und Geschäften oder an Kinos vorbei. Sitze irgendwann sogar in einem Bus, fahre ein paar Stationen und steige doch wieder aus.

Denn was soll ich machen, wenn ich an der Endstation bin? Immer weiterlaufen, bis in den Wald? Allein leben könnte ich schon. Mich von Fischen und Beeren und Wurzeln ernähren und mir eine Höhle suchen, in der es sich aushalten lässt.

Aber allein leben will ich eigentlich nicht und genau das ist ja auch mein Problem. Weil aus Mama und Hotte nichts wird. Und nichts aus uns dreien, auch wenn mich keiner fragt. Dabei hätte ich es mir diesmal gut vorstellen können. Zusammen mit Hotte. Denn Hotte ist nett.

Ich laufe durch endlose Straßen, und wie von selbst führt mich mein Weg allmählich zurück nach Hause. Immerhin gibt es dort ein Bett für mich, in das ich mich, wenn ich müde bin, nur noch hineinlegen muss. Ohne etwas zu sagen. Weil ich auch gar nicht weiß, was.

Durch den kleinen Park an den Enten vorbei laufe ich und gucke ihnen zu, wie sie die Köpfe ins Wasser stecken und die Schwänze in die Höh.

Es wäre gut, wenn Mauri jetzt da wäre. Mauri würde mich auf andere Gedanken bringen. Und er würde sagen: „Ist doch egal, das mit deiner Mutter und Hotte. Hauptsache, wir haben uns."

Ich werfe ein paar kleine Steinchen ins Wasser und setze meinen Weg fort. Dann bin ich tatsächlich wieder zu Hause, steige die vielen Treppenstufen hinauf.

Mama steht schon an der Tür. „Lino“, sagt sie und es klingt keine Spur böse. „Komm her!“

Eigentlich will ich es nicht, aber plötzlich bin ich in Mamas Arm und sie drückt mich an sich. Einen Moment bleiben wir so und es ist gut und außerdem ist ja auch sonst niemand da, der es sieht.

„Mauri hat angerufen“, sagt sie schließlich und ich mache mich los.

„Na“, fragt er, als ich mich bei ihm melde, „fängt die Feierei bei euch bald an?“

„Wieso?“

„Wieso nicht?“

Ich verziehe das Gesicht, verschwinde mit dem Telefon in mein Zimmer und sage dann leise: „Aus der Feierei wird nichts. Aber dafür vielleicht ja bei euch?“

„Was soll das heißen?“, fragt Mauri entsetzt. „Und wieso bei uns?“ Er schnappt nach Luft, ich schnappe nach Luft. Dann erzähle ich ihm von der Pleite mit Mama und Hotte und er erzählt mir vom neuesten Superkrach zwischen Alina und ihren Eltern und Alina und ihrem Freund. „Der Einzige, den sie noch hat, bin jedenfalls ich.“

„Dass das Leben immer so schwierig sein muss“, stöhne ich. Aber wenigstens hat Alina ja Mauri und Mauri hat mich.

„Am besten“, sagt Mauri, „fängt man mit der Liebe gar nicht erst an. Dann hört sie auch nicht wieder auf.“

Ich stimme ihm zu und bin fest entschlossen. Einigermaßen fest. Denn bei Lilli weiß ich es nicht. Aber Lilli ist schließlich Lilli und außerdem ja geheim.

Mauri und ich tun uns gegenseitig noch ein bisschen leid und überlegen, wer von uns beiden es wohl am schwersten hat.

Dann steckt Mama den Kopf zur Tür herein und fragt: „Habt ihr noch viel zu besprechen? Ich müsste auch noch mal kurz telefonieren."

Ich nicke. Und während Mauri noch darüber informiert werden will, mit wem ich gerade rede und warum nicht mit ihm, vertröste ich ihn auf später. Vielleicht hat Mama sich ja noch mal Gedanken gemacht und redet mit Hotte. Vielleicht wird alles noch gut. Wenn sie nur das Richtige sagt, kommt Hotte vielleicht wieder und geht nicht mehr weg.

Lautlos schleiche ich durch den Flur ins Wohnzimmer, während Mama telefoniert, und vom Wohnzimmer ins Bad. Ich spitze die Ohren.

Aber weil Mama sich in ihr Zimmer verzogen hat, verstehe ich leider so gut wie nichts von dem, was sie sagt.

„Und?", frage ich, als sie sich endlich wieder blicken lässt.

„Was und?", fragt sie.

Ich muss schlucken. Schlucke die Frage hinunter so wie die Tränen, die aufsteigen wollen, und den Gedanken an Hotte, der ja doch nicht mehr kommt.

„Ach Lino", sagt Mama und ich wende mich um. Verschwinde in meinem Zimmer und habe bis zum

Einschlafen noch allerhand Sachen zu tun. Habe nicht einmal Zeit, um überhaupt zu Abend zu essen, obwohl Mama mich fragt.

Kurz vor dem Einschlafen sitzt sie dann aber plötzlich an meinem Bett. Weil sie mir noch etwas zu sagen hat über sich und Hotte und weil sie traurig ist und verstehen kann, dass ich ihn mag.

„Und du?“, frage ich. „Warum magst du ihn denn nicht?“ Ich beiße mir auf die Lippe, denn eigentlich will ich davon nichts mehr wissen.

„Mögen tu ich ihn doch auch und es war ja auch schön.“ Mama hält inne, streicht über meine Decke. „Sehr schön war es, aber manchmal reicht das nicht aus. So wie bei Tom und den anderen. Du hast es doch selbst miterlebt.“ Mama seufzt.

Ich starre an die Decke, verschränke die Arme hinter dem Kopf. „Mit Hotte“, sage ich leise, „ist es doch anders. Oder ist es das nicht?“

Mama zögert. „Ja“, sagt sie dann, „für dich ganz bestimmt. Und trotzdem ist es nicht immer genug, um zusammenzubleiben.“ Mama seufzt. „Vielleicht bin ich zum Zusammenbleiben überhaupt nicht gemacht. Außer mit dir natürlich, denn du bist mein Kind und daran wird sich auch nie etwas ändern, hast du gehört?“

Ich verziehe das Gesicht, kenne solche Sätze doch längst und bisher passten sie mir ja auch immer ganz gut. Aber jetzt eben nicht. Jetzt verstehe ich sie nicht und werde ganz traurig davon.

„Wie soll man das können, immer alles richtig

machen?“, fährt Mama fort. „Es für dich richtig machen. Für mich.“ Sie schüttelt nachdenklich den Kopf. „Manchmal bleibt einem nichts anderes, als wehtun zu müssen. Auch Hotte.“ Mama seufzt. „Ich hätte es dir so gewünscht. Vielleicht ja auch mir ...“ Mama bricht ab.

Und ich liege da, sage nichts.

Soll Hotte eben auch nicht mehr kommen, na und. Soll es so werden, wie es immer schon war. Für einen neuen Vater in meinem Leben bin ich sowieso längst zu alt und schaffe es auch gut allein. Ich halte mich von nun an aus allem besser gleich raus. Aus allem, dann geht dieses komische Durcheinander, das ich manchmal im Kopf habe, wahrscheinlich auch von selbst wieder weg. Weil ich die Traurigkeit nicht mehr will. Die ganze Traurigkeit. Wenn man sich raushält, kommt man auch in die Traurigkeit gar nicht erst rein. Man muss nur einfach nichts machen. Sich stillhalten. Kein Flattern im Bauch kriegen und auch mit Lilli nicht reden. Und gleich weggucken, sobald sie guckt.

Am nächsten Tag in der Schule kriege ich das jedenfalls hin. Nur einmal, da wird es schwierig, weil sie mich nämlich fragt, ob ich ihr mit den Matheaufgaben aushelfen kann.

„Klar, kann ich“, sage ich schnell, denn ich kann es ja auch. Könnte ihr sogar etwas erklären, sie abschreiben lassen oder gleich sämtliche Hausaufgaben für sie mit erledigen, falls sie es nicht schafft.

Fürs Erste kriegt sie mein Heft. Und im Gegenzug kriege ich dafür ein Lächeln, das ich nicht wieder loswerde, bis ich mittags zu Hause bin und Mauri mich, als er kommt, mit dem Ellenbogen anstößt und fragt: „Alles in Ordnung mit dir?"

„Na, und ob!" Ich verschränke die Arme und habe wieder Ruhe im Kopf. Außerdem ist es ja albern und ich will es auch nicht. Und niemanden fragen, selbst Mama nicht, schließlich kennt Mama sich mit Jungensachen nicht aus.

„Spielst du sie noch?", fragt Mauri mich plötzlich und zieht Hottes E-Gitarre aus der Ecke hervor, schließt sie an den Verstärker an, der ebenfalls noch da steht, und spielt einfach drauflos.

„Nein", will ich sagen. „Stell sie zurück!" Aber dann denke ich: Was für ein Quatsch. Wir wechseln uns ab und ein paarmal schießt mir durch den Kopf, dass wir eine Jungenband werden und bleiben und dass wir eines Tages auf die Bühne gehen und die anderen uns sehen und hören. Uns und unsere Musik.

Mama beschwert sich an diesem Tag kein einziges Mal. „Wenn ihr wirklich spielen und üben wollt, dann braucht ihr aber einen anderen Raum", sagt sie nur, als wir fertig sind und uns kühle Getränke in der Küche abholen. „Vielleicht gibt es im Keller ja irgendwo eine Ecke für euch."

„Und die Instrumente?", frage ich schnell.

Mama zuckt mit den Achseln. „Fangt doch einfach mal an", schlägt sie vor. „Mit der Gitarre und eurem Gesang."

Wir wollen protestieren, aber vielleicht ist die Idee gar nicht so schlecht und besser als nichts.

protestieren *Einspruch erheben*

„Und Hotte?“, frage ich plötzlich leise. „Will er seine Gitarre nicht bald wieder zurück?“

Mama guckt mich an, ich gucke sie an. Dann drehe ich mich mit Mauri auf dem Absatz herum und wir spielen und spielen, als sei jede Minute, die uns noch bleibt, plötzlich das Zehnfache wert.

„Was soll's“, murmele ich, bevor Mauri an diesem Tag wieder geht, „irgendwie kriegen wir das selbst auch schon hin und brauchen keine Hilfe, auch nicht von Hotte.“

Die Gitarre stelle ich gleich neben mein Bett. Am Abend und auch in der Nacht steht sie da. Am Nachmittag spiele ich wieder. Und Hotte kommt nicht und holt sie nicht ab und die Tage vergehen.

Mama ist nett zu mir. Ich im Großen und Ganzen zu ihr auch. Ehrlich gesagt, kann ich kaum anders, denn zum Streiten und Sauersein habe ich gar keine Zeit, weil in meinem Kopf etwas herumspukt, das ich eigentlich doch gar nicht will. Aber immerhin habe ich heute einen Zettel gekriegt, auf dem etwas stand. Mein Gesicht ist davon gleich wieder zu einer Glühbirne geworden.

Mauri hat es gesehen. „Na?“, hat er gesagt und gegrinst.

Ich habe nur mit den Achseln gezuckt und den Zettel gleich in meiner Hosentasche verschwinden lassen. Angeguckt habe ich Lilli jedenfalls nicht, nur am Ende, da hat sie geguckt, als ich eigentlich vorbeigucken wollte. Und da musste ich ja. Und jetzt weiß ich es nicht. Ich meine, was ich mit dem Zettel mache und ob ich ihr überhaupt antworten soll.

Ich spiele auf Hottes Gitarre, spiele und spiele und stelle mir vor, Lilli wäre im Publikum und ich auf der Bühne und sie hörte mir zu. So wie Hotte, der sich heimlich durch den Hintereingang geschlichen hätte, nur wegen mir. Und wegen seiner Gitarre natürlich, denn schließlich versteht er was von Musik.

Wenn ich die Gitarre einfach nicht mehr rausrücke, will er sie vielleicht ja auch nicht.

Ich beiße mir auf die Lippe, streiche mit den Fingern über die Saiten, lege den Kopf sachte auf den Gitarrenbauch, höre, wie mein ganzer Kopf dröhnt. Aber er dröhnt warm von der Musik, während es plötzlich an der Tür klingelt und Mama hingeht, weil ich gerade nicht kann.

Zuerst denke ich, es ist Mauri, und ich spiele und will, dass er reinkommt und mich so sieht. Aber Mauri kommt nicht und durch die Tür kann ich Mamas Stimme hören und eine andere.

Weiter spiele ich und will doch von allem nichts wissen, nur noch von der Musik, da höre ich das leise Klopfen, und ich kann nicht anders und rufe: „Herein."

Es ist Hotte, der sich durch die Tür schiebt. In meinem Hals schnürt sich gleich etwas zu.

„Tag", sagt er und setzt sich zu mir. In der Hand hält er seinen Rasierapparat.

Ich nicke nur und denke: Das war's wohl, mit Hotte und überhaupt mit der Musik und dem Frühstück zu dritt und Mama und leider ist alles schwierig und muss wohl so sein.

Ich sitze ganz still, spiele nicht mehr, schiebe Hotte die Gitarre zu und sage: „Danke noch mal. War jedenfalls gut."

Hotte guckt mich an. „Was soll das heißen?", fragt er. „Redest du nicht mehr mit mir?"

„Doch, doch", sage ich leise. Und dieser Kloß in meinem Hals geht nicht weg.

Hotte atmet tief durch. „Ich dachte ...", beginnt er und sagt dasselbe gleich darauf noch mal von vorn, „ich dachte, wenn du willst, kommst du demnächst eben zu mir und wir üben zusammen. Und deinen Freund Mauri bringst du am besten gleich mit."

Ich bin mir nicht sicher, ob ich richtig gehört habe. Aber Hotte hat's doch gesagt. Mir selbst eingefallen wäre das garantiert nie. „Du meinst ..." Ich gucke ihn an und kann sehen, dass er es meint. „Du meinst, ich soll zu dir kommen und wir üben zusammen?"

„Genau das habe ich so ungefähr wohl gemeint." Hotte zuckt mit den Achseln. Er guckt mich nicht an.

„Ja, aber ..." Ich sitze da, weiß nicht mehr, was ich sagen soll.

„Habt ihr morgen Nachmittag Zeit?", fragt Hotte jetzt, während er sich von meinem Bett erhebt.

„Morgen? Bestimmt!"

„Dann also bis morgen, in der Theresienstraße 9, dritte Etage." Hotte nickt mir noch einmal zu und ich kann sehen, dass es ein trauriges Nicken ist, auch wenn er lächelt.

„Bis morgen“, sage ich und sehe, wie sich die Tür hinter ihm schließt. Kurz kann ich seine Stimme und die von Mama noch im Flur hören, dann ist alles still.

Ich werfe mich auf mein Bett, stehe wieder auf, drehe ein paar Ehrenrunden und schaffe es endlich bis zu Mama, die im Wohnzimmer hinter dem Fenster steht und hinausguckt auf das Treiben der Stadt.

„Ja“, sagt sie leise. „So kann es gehen.“

Ich drücke mich an ihren Arm, dann gucken wir gemeinsam auf die Straße hinunter, durch die sich wie üblich um diese Zeit hektischer Feierabendverkehr schiebt. Von Hotte ist nichts mehr zu sehen. Aber so ist es wohl, denke ich ein wenig traurig und froh zugleich, denn morgen besuche ich ihn zusammen mit Mauri, der mein Freund ist. Wie Hotte. Und ja, so kann es gehen.

hektisch *betriebsam, schnell und unruhig*

# Materialien

## Interview mit der Autorin Sigrid Zeevaert

*Wie kamen Sie darauf, über einen 10-jährigen Jungen zu schreiben, der als Trennungs- bzw. Scheidungskind bei seiner alleinerziehenden Mutter aufwächst?*

Ich schreibe über die Wirklichkeit, die so sein kann wie hier. Für Lino, für einige andere, vielleicht für viele. Jede Geschichte wirft ja immer einen ganz besonderen Blick auf das Leben, und das abzubilden und davon zu erzählen, darum geht es mir beim Schreiben.

*Die Namen der Hauptpersonen sind ungewöhnlich. Gibt es einen bestimmten Grund, warum Sie sich für „Lino", „Mauri" und „Hotte" entschieden haben?*

Über die Namen finde ich oftmals zu den Personen, die ich selbst ja auch erst einmal kennenlernen und gewissermaßen zum Leben erwecken muss. Vielleicht war es hier wichtig für mich, ihnen etwas Besonderes zu geben, sie unverwechselbar zu machen.

*Denken Sie beim Schreiben eines Buches an bestimmte Leserinnen und Leser, für die Sie das Buch verfassen?*

An die Leser denke ich nur sehr vage. Zunächst

vage *unbestimmt, verschwommen*

begebe ich mich in die Geschichte, an die Orte, in die Figuren hinein und ich hoffe dann, dass über die Figuren auch die Leser zur Geschichte kommen, dass sie die Figuren mögen und sie eine Weile begleiten möchten. Meist ist es so, dass ich erst mit der fertigen Geschichte auch Erfahrungen darüber sammle, wie sie die Leser erreicht. Allerdings gibt es einige wenige Menschen, die meine Texte bereits während der Entstehung zu lesen bekommen. Und hier bin ich sehr aufmerksam, welche Antworten ich darauf erhalte.

*Wie würden Sie sich verhalten, wenn Sie Linos Mutter wären?*

Vielleicht würde ich genauso handeln wie Linos Mutter. Vielleicht auch ein wenig vorsichtiger. Ich glaube, dass es immer wieder Momente gibt, in denen nicht vereinbar scheint, was und wie man es eigentlich will. Auch als Mutter stehe ich ja im Leben und kann es nicht immer vermeiden, meinen Kindern Enttäuschungen und schmerzvolle Erfahrungen zuzufügen, außerdem gehören sie ja auch zum Leben und zur Reifung dazu. Allerdings kenne ich die Verantwortung, die ich als Mutter habe, und der will ich nachkommen.

*Die Personen in Ihrem Buch wirken sehr lebensnah. Wie gelingt Ihnen das?*

Das ist natürlich schwer zu erklären, weil es von innen kommen muss. Man muss die Menschen kennen, wenn man über sie schreibt, auch sich selbst, man muss sich einfühlen können und hineindenken in eine Sprache, die nicht die eigene ist, man muss den Ton hören und finden, in dem man erzählt. Er kommt bei mir irgendwann über die Figuren, in die ich hineinzugehen versuche.

*Können Sie sich vorstellen, dass Ihr Buch verfilmt wird?*

Es gab bereits eine Verfilmung eines meiner Bücher und ich selbst konnte damals das Drehbuch dazu schreiben. Es ist ein gewagtes Unterfangen, wenn man aus einer Erzählung oder einem Roman eine Filmgeschichte machen will, denn so einfach übertragen lässt sich das nicht. Aber natürlich ist das sehr spannend, und wenn es gut gemacht wäre und sorgfältig, hätte ich ganz bestimmt nichts dagegen.

Unterfangen *Unternehmung, Vorhaben*

*Verraten Sie uns Ihr persönliches Rezept gegen Wut und Eifersucht?*

Wut und Eifersucht sind wohl genauso menschliche Gefühle wie Zärtlichkeit und Liebe und gehören ja sogar dazu. Man muss gut damit umzugehen versuchen.

*Haben Sie auch einen Tipp für Jungen und Mädchen, die zum ersten Mal das kribbelige Gefühl des Verliebtseins spüren?*

Tja. Ein Tipp kann vielleicht manchmal eine Geschichte sein, in der davon erzählt wird. Aber dann ist es doch wieder anders. Und einmalig. Genau wie die

Geschichten es auch sind. Vielleicht berühren sie aber etwas von dem, was einen beschäftigt und was man nicht immer in Worte fassen kann. Vielleicht fühlt man sich ein wenig verstanden und weiß dann auch für sich besser Bescheid. Aber vielleicht auch nicht. Ein Rezept hilft da nicht weiter. Leben muss man sein Leben schon selbst. Und es lohnt sich ja, oder?

*Wie sind Sie Schriftstellerin geworden?*

Ich habe als Abschlussarbeit von meinem Studium für das Lehramt mein erstes Buch geschrieben. „Max, mein Bruder". Ich hatte das große Glück, gleich einen Verlag dafür zu finden und mit dem Buch auch Erfolg zu haben. Der Verlag ermunterte mich, weiterzuschreiben, und so wurde ich dann doch keine Lehrerin, sondern Schriftstellerin.

Verlag *Unternehmen, das Bücher veröffentlicht*

*Wie und wo leben Sie heute und haben Sie vor, noch weitere Bücher zu schreiben?*

Ich lebe mit meinem Mann und meinen drei Kindern in einem großen, alten Haus in Aachen. Hier arbeite ich, wenn ich nicht gerade auf Lesereise bin, auch an meinen Büchern, von denen ich hoffe, dass noch eine ganze Reihe entstehen.

*Möchten Sie vielleicht noch etwas hinzufügen?*

Wenn ihr keine Fragen mehr habt, nicht. Außer meinen Büchern vielleicht, die ich euch gern noch ans Herz legen will. Denn dies ist ja vor allem meine Form, etwas zu sagen.

## ARBEITSANREGUNGEN

- Wie wirkt die Autorin von „Mit und ohne Hotte“ in dem Interview auf dich? Gibt es etwas, was dich an ihr besonders beeindruckt oder möglicherweise auch überrascht?
- Was erfährst du aus dem Interview über das bisherige und jetzige Leben von Sigrid Zeevaert?
- Was hält die Autorin davon, „Lebensrezepte“ zu formulieren? Wie findest du ihre Einstellung und wie denkst du darüber?
- Welche weiteren Fragen würdest du Sigrid Zeevaert gerne stellen?
  Ihr könnt eure Fragen in der Klasse sammeln und an die Autorin mailen (ihre E-Mail-Adresse lautet: jzeevaert@aol.com).
- Suche im Internet, in der Buchhandlung oder in der Bibliothek nach weiteren Büchern, die Sigrid Zeevaert geschrieben hat.
  Ist eines dabei, dessen Handlung dich interessiert und das du lesen möchtest?
  Stellt euch die Bücher, die ihr gelesen habt, gegenseitig in der Klasse vor.

## In welchen Familienformen leben Kinder in Deutschland?

*In der folgenden Tabelle sind Zahlen dargestellt, die das Statistische Bundesamt im Jahr 2003 in Deutschland erhoben hat. Mit der Bezeichnung „Kinder“ sind hier alle diejenigen gemeint, die noch zu Hause wohnen und noch nicht verheiratet sind.*

| **Alter des Kindes (in Jahren)** | **Kinder insgesamt** | **davon leben bei ...** | | |
|---|---|---|---|---|
| | | *Ehepaaren* | *alleinstehenden Müttern* | *alleinstehenden Vätern* |
| unter 3 | 2.163.000 | 77,6 % | 16,2 % | 5,9 % |
| 3 – 5 | 2.366.000 | 81,0 % | 15,6 % | 3,3 % |
| 6 – 9 | 3.139.000 | 80,2 % | 16,9 % | 2,9 % |
| 10 – 14 | 4.450.000 | 78,4 % | 18,4 % | 3,3 % |
| 15 – 17 | 2.747.000 | 77,8 % | 18,3 % | 4,0 % |
| 18 – 26 | 4.637.000 | 81,0 % | 14,8 % | 4,2 % |
| 27 und mehr | 1.383.000 | 61,5 % | 31,2 % | 7,2 % |
| **Zusammen** | **20.884.000** | **78,2 %** | **17,7 %** | **4,1 %** |
| davon unter 18 | 14.864.000 | 79,0 % | 17,3 % | 3,7 % |

## ARBEITSANREGUNGEN

- Sieh dir die Tabelle genau an. Entscheide dann, welche der folgenden Aussagen richtig sind und welche nicht.
  Schreibe alle Aussagen in dein Heft und korrigiere dabei die falschen. (Bei der Berichtigung kannst du z. B. „drei Viertel" oder „viermal so viele" in die Sätze einfügen.)
  a) *Insgesamt leben in Deutschland über 20 Mio. Kinder bei Ehepaaren oder einem alleinstehenden Elternteil.*
  b) *Etwa die Hälfte davon lebt bei einem Ehepaar.*
  c) *In der Altersgruppe der 10- bis 14-Jährigen leben 3,3 % der Kinder bei ihrem alleinstehenden Vater.*
  d) *Insgesamt leben etwa dreimal so viele Kinder bei einer alleinstehenden Mutter wie bei einem alleinstehenden Vater.*
  e) *Bei den unter 18-Jährigen leben etwa 4,5-mal so viele Kinder bei einem Ehepaar wie bei den allein stehenden Müttern.*
- Bei welcher Zahl in der Tabelle müsste Lino mitgerechnet werden?
- Betrachtet man die Familien mit nur einem Elternteil, so leben weitaus mehr Kinder bei der Mutter als beim Vater. Warum ist das wohl so?
  Schreibe mögliche Begründungen auf und sprecht in der Klasse darüber, welche Erklärungen ihr dafür gefunden habt.

CORA E.

## Schlüsselkind

Ich komm' aus einer Mittelschicht,
die gibt's in Deutschland sicherlich.
Oben waren wir
nicht und unten
nicht.
Meine Eltern war'n geschieden, da war ich gerade sieben.
Gerichte ham' entschieden, dass zwei Kinder bei der
Mutter blieben.
So warn wir zu dritt, zogen aus aus dem großen Haus
auf Sylt,
doch die kleine Wohnung war mir recht, denn kein
Vater brüllte mehr.
So vermisste ich das Meer sehr.
Mich an die Stadt zu gewöhnen, fiel mir sehr schwer.
Ich wurd zum Schlüsselkind,
das sind die Kinder, wo die Eltern nicht zu Hause sind,
die Mutter nicht am Fenster steht und winkt,
denn sie ging zum Dienst Tag für Tag. Es war bestimmt
nicht leicht für sie, uns zu erklärn, dass sie uns trotzdem mag.
Vermisst hab' ich nichts, doch du fragst dich,
wer dein Vater ist, wenn du nur zweimal im Jahr Post
kriegst.

Sylt *eine Nordseeinsel*

Doch heute ist mir klar,
es wäre nichts so, wie es ist, wär es nicht gewesen, wie es war!

Ich wollte auf's Gymnasium, denn ich bin nicht dumm,
doch Fakt war,
dass das nicht ging, weil die Familie nicht intakt war.
Und damals war das schlimm.
Doch was du lernst aus diesen Ding', kann dir keine Schule beibring'.
Der Block, in dem wir wohnten, war rot, die Rote Siedlung,
und das war für viele Eltern meiner Freunde Grund,
ihre Kinder von uns fernzuhalten, da
die Leute, die dort wohnten, halt als Assos galten.
Ich war gerad zehn, als ich anfing auszugeh'n,
die Jeans eng zu näh'n, um cool auszuseh'n.
Ich passte nicht mehr in die Dorfclique und hing
viel lieber mit den Punks ab an der Holstenbrücke.
Hab' mein Taschengeld im Hinterhof verspielt, 17 und 4,
und war erst zwölf, als ich das erste Bier probier.
Und auch die beste Mutter merkt nicht, dass ihr Kind
nach Alkohol stinkt, – wenn sie selber trinkt.
Schrevenpark, Alter Markt, ich trieb' mich rum
und war dann irgendwann so voll, dass ich fast starb.
Doch warum soll ich mich schäm' für das, was geschah?
Ich wäre heut nicht, wie ich bin, wär es nicht gewesen, wie es war!

Fakt *Tatsache*

intakt *heil, funktionsfähig*

Asso *Abkürzung für: Asozialer, am Rande der Gesellschaft Lebender (umgangssprachlich)*

Holstenbrücke *Straße in Kiel*

Ich lebte vor mich hin, kaum was machte Sinn, und
dachte
nicht im Traum darüber nach, womit ich meine Zeit
verbrachte.
Was kennt man vom Leben,
wenn man Leute Freunde nennt, die ihren Joint an
Kinder weitergeben?
Ich bin geflogen von den Schul'n der Stadt.
Meine Mutter schleppte mich zum Psychologen, doch
der hat
wenig Chance, weil seine Mühen so gut wie umsonst
sind
an einem Kind, das denkt, dass mit ihm alles stimmt.
Ich ertrank fast, sank, doch hatte Glück:
Die Welle aus Amerika spülte mich wieder an's Land
zurück!
Ich begann zu leben, wurd' aktiv und
hab zum ersten Mal geträumt, ohne dass ich schlief.
Da war etwas, das auf mich wartet, also ging ich,
etwas, das ich bekomm' kann, bleib ich dran. Also fing
es an,
dass ich etwas, das ich erreichen kann, seh.
Ich wollte rappen wie „Shante". So verfolgte ich die
Spur,
erfuhr Freundschaft von jedem, der auf meinem Trip
mitfuhr.
Und nur der Glaube gibt mir Kraft und nimmt die Ge-
fahr,
jemals zu vergessen, wie es war!

Joint *selbst gedrehte Zigarette, deren Tabak mit Haschisch oder Marihuana (Rauschgift) vermischt ist*

Welle aus Amerika *hier: Rapmusik*

Roxanne Shante *US-amerikanische Rapperin, geb. 1969*

Trip *hier: Zustand der Begeisterung*

## Arbeitsanregungen

- Der Titel des Liedes lautet „Schlüsselkind“. Informiere dich über diesen Begriff und erkläre, was er bedeutet.
- Das Schlüsselkind in diesem Lied ist das Mädchen Cora. Schreibe in kurzen Sätzen auf, was es über sich selbst und sein Leben erzählt. Beginne jeden Satz mit dem Subjekt „Cora“.
- Cora blickt in dem Lied auf ihr bisheriges Leben zurück. Stell dir vor, du bist Cora. Versetze dich in ihre Situation und schreibe aus ihrer Sicht einen Tagebucheintrag, in dem zum Ausdruck kommt, was sie bezüglich ihrer Vergangenheit fühlt und denkt (Ich-Form).
- In dem Lied heißt es: *„... es wäre nichts so, wie es ist, wär es nicht gewesen, wie es war!“*
  Versuche, diese Aussage zu erklären, indem du zuerst aufschreibst, wie es „damals“ für Cora war und wie es „heute“ ist. Wenn du dann beides miteinander vergleichst, kannst du den Sinn der Aussage erklären.
- Auch Lino ist ein Schlüsselkind, sein Leben verläuft aber ganz anders als das von Cora. Welche Stellen des Liedes könnte Lino mitsingen, weil sie auch auf ihn zutreffen, und welche nicht? Fertige dazu eine zweispaltige Tabelle mit stichwortartigen Antworten an.
- Das Lied ist ein Rap. Besorgt euch die CD oder versucht selbst, das Lied zu rappen.

## Glückliche Scheidungskinder?

*Redakteure der Zeitschrift GEO haben zwei Wissenschaftler zum Thema „Scheidungskinder“ interviewt, die jeweils ein Buch darüber geschrieben haben. Der Kinderarzt Remo H. Largo gab seinem Buch den Titel „Glückliche Scheidungskinder“; die Pädagogik-Professorin Helge-Ulrike Hyams hat ihr Buch dagegen „Kinder wollen keine Scheidung“ genannt.*

Pädagogik *Erziehungswissenschaft*

**GEO:** *Herr Professor Largo, Sie haben ein Buch mit dem provozierenden Titel „Glückliche Scheidungskinder“ veröffentlicht. Kennen Sie Kinder, die eine Scheidung wirklich glücklich gemacht hat?*

provozierend *herausfordernd*

**Largo**: So gefragt, hätten Sie den Titel missverstanden. Man muss sich nicht scheiden lassen, um Kinder glücklich zu machen. Meine Mitautorin und ich wollten die Umstände ergründen, unter denen eine Scheidung für die Kinder einigermaßen gut ablaufen kann. Die meisten Bücher betonen vor allem das Unglück, das nach einer Trennung über die Kinder hereinbricht. Immer mehr Familien bekommen eine Scheidung jedoch erstaunlich gut hin, leben aber meist im Stillen – und sind deshalb für die Öffentlichkeit nicht interessant.

**GEO:** *Aber hat Frau Professor Hyams nicht recht, wenn sie schreibt, Eltern sollten alles dafür tun, zusammenzubleiben, denn – so der Titel ihres Buches – „Kinder wollen keine Scheidung“?*

**Largo:** Natürlich wollen sie keine Scheidung. Wenn ihnen die Eltern sagen: „Wir trennen uns!“, löst das die größte Angst aus, die Kinder haben können. Die Angst nämlich, verlassen zu werden. Alle wortreichen Erklärungsversuche können Kinder nicht beruhigen. Das Einzige, was zählt, ist die Erfahrung, dass sie nach der Scheidung nicht verlassen sind. Wenn also der Vater weggeht, die Kinder aber erleben, dass er genauso wie vorher oder vielleicht noch mehr für sie da ist, werden sie ihn nicht vermissen.

Drama *hier: erschütterndes Geschehen*

**Hyams:** Das Drama ist allerdings, dass die Väter meist nicht mehr verfügbar sind. Rund 90 Prozent der Scheidungskinder leben bei der Mutter. Und nach ein bis zwei Jahren hat sich bereits die Hälfte der dazugehörenden Väter fast vollständig aus dem Leben der Kinder verabschiedet. Manche ziehen sich zurück, andere werden von den Frauen ausgegrenzt. Sie wollen die Männer, die ihnen ursprünglich das Liebste auf der Welt waren, nicht mehr sehen. Oft baut sich unbewusst Hass in den Frauen auf, weil sie glauben, sich vor sich selbst rechtfertigen zu müssen. Der Elternteil, der die Scheidung einreicht, spürt meist insgeheim, dass es für die Kinder nicht das Beste ist.

Tragödie *Unglück*

**Largo:** Was Sie beschreiben, ist eine Minderheit von Müttern, die den Vater bei ihren Kindern schlechtmachen. Viel häufiger erlebe ich, dass Mütter versuchen, den Kindern ihren Vater zu erhalten. Dass tatsächlich zwei Jahre nach der Scheidung nur noch jeder zweite Vater Kontakt zu den Kindern hat, ist eine Tragödie. Man könnte nun meinen, allein die

Scheidung sei die Ursache. Aber so ist es nicht. Viele Mütter haben schon seit Jahren ohne Hilfe des Partners für die Kinder gesorgt. Die Väter verlieren den Kontakt, weil die Beziehung zu den Kindern bereits vor der Trennung nicht tragfähig war.

**GEO:** *Wie äußert sich eine gute Beziehung zu den Kindern?*

**Largo:** Beziehungen gründen immer auf gemeinsamen Erfahrungen. Hat der Vater vor der Scheidung Wochenenden oder auch Ferien allein mit den Kindern verbracht? Hat er die Kinder gefüttert? Hat er sie ins Bett gebracht? Ist er mit ihnen auf den Spielplatz gegangen? Wenn er das vor der Scheidung nie gemacht hat, hat er nachher kaum eine Chance. In dem Fall legt die Trennung nur offen, was schon vorher im Argen lag; die Defizite waren innerhalb einer angeblich intakten Familie verborgen.

**Hyams:** Aber auch ein schlechter Vater sollte nicht unbedingt durch eine Scheidung verstoßen werden. Kinder können es manchmal eher verstehen und auch verkraften, wenn ein Elternteil gestorben ist, als wenn sie verlassen werden und ihr Leben allein führen müssen. (...)

**GEO:** *Wie sollte denn ein möglicher neuer Partner auf die Kinder zugehen?*

**Largo:** Eine klassische Situation ist folgende: Der neue Freund besucht zum ersten Mal Mutter und Kind. Wenn die Erwachsenen ein intensives Gespräch

im Argen liegen *nicht so sein, wie es sein sollte*

Defizit *Mangel*

klassisch *hier: üblich, bekannt*

intensiv *tiefgründig*

wie das fünfte Rad am Wagen fühlen *Redensart für: überflüssig fühlen*

beginnen und das Kind sich wie das fünfte Rad am Wagen fühlt, geht es wahrscheinlich schief. Wenn sich aber der Mann am Anfang dem Kind zuwendet, bekommt er seine Chance. Er sollte das Kind nicht mit Aktionen überfallen, sondern geduldig abwarten, was das Kind will. Die meisten Kinder versuchen dann, herauszufinden: Wer ist das eigentlich? Sie zeigen dem Mann ihr Zimmer oder fragen einfach drauflos. Es hängt sehr viel davon ab, ob der Mann ein wirkliches Interesse an dem Kind hat.

**Hyams:** Man kann schnell mit Kindern in Kontakt kommen, aber es ist nicht immer einfach. Die Schwierigkeiten fangen schon bei der Bezeichnung an. Der biologische Vater wird oft der „richtige" Vater genannt. Das heißt für das Kind, dass der neue Partner irgendwie der „falsche" Vater ist. Der neue Partner darf keinesfalls gleich die Vaterrolle übernehmen wollen. (...)

**GEO:** *Wäre es angesichts dessen nicht doch besser, die Eltern blieben den Kindern zuliebe zusammen?*

**Largo:** Wenn die Eltern es schaffen, wieder liebevoll miteinander umzugehen, ja. Aber wenn sie permanent streiten, ist es sicher keine gute Lösung. (...)

permanent *ständig*

## ARBEITSANREGUNGEN

- Lies das Interview und formuliere zu jeder Antwort der Wissenschaftler eine Zwischenüberschrift.
- Beantworte dann folgende Fragen:
  Was löst die Trennung der Eltern bei Kindern meist aus?
  Wie viel Prozent der Scheidungskinder leben bei der Mutter?
  Worauf gründen gute Beziehungen?
  Wie sollte ein neuer Partner auf die Kinder zugehen?
- Suche dir eine oder zwei Stellen im Interview aus, an denen du dich gern einschalten möchtest, um deine eigene Meinung zum Thema zu äußern. Schreibe die Stellen auf und notiere danach deine Meinung. Vergiss die Begründung nicht.
- Welche Aussagen im Interview treffen auf Lino und seine Situation zu? Schreibe sie in Stichworten heraus.
- Hat sich Hotte richtig verhalten, als er Lino kennengelernt hat? Lies nochmals die entsprechenden Stellen im Buch. Unterhaltet euch in der Klasse darüber und begründet eure Ansichten.

## Charlie & Louise

*Der Film „Charlie & Louise" stammt aus dem Jahr 1993 und wurde nach dem Buch „Das doppelte Lottchen" von Erich Kästner gedreht.*

– Betrachte das Filmplakat. Welche Erwartungen hast du an den Film? Ist er wohl eher lustig oder nachdenklich, spannend, gefühlvoll, langweilig? Hast du Lust, den Film anzusehen? Begründe!

## Der Inhalt des Films „Charlie & Louise“ in Kürze

Als sich Charlie und Louise bei einem Sprachkurs in Schottland zufällig über den Weg laufen, sind sie wie vom Donner gerührt: Sie sehen einander ähnlich wie ein Ei dem anderen. Nach und nach finden sie heraus, dass sie Zwillinge sind und bei der Scheidung ihrer Eltern vor acht Jahren voneinander getrennt wurden.

In den kommenden Wochen sind die beiden Mädchen unzertrennlich, jede Einzelheit möchte die eine über das Leben der anderen erfahren. Schließlich hecken sie einen Plan aus. Sie wollen die Eltern wieder zusammenbringen, damit sie alle gemeinsam als Familie leben können.

Nach den Ferien tauschen sie ihre Rollen: Charlie fährt als Louise zum Vater nach Berlin und Louise als Charlie zur Mutter nach Hamburg.

Sich in der jeweils fremden Welt zurechtzufinden, ist für die beiden Mädchen gar nicht so einfach: Auf einmal muss die lebhafte Louise den Haushalt führen und so ruhig und ernst sein, wie die Mutter dies von Charlie gewohnt ist. Und wie soll Charlie nur verhindern, dass sich der Vater mit dieser Frau anfreundet, die in letzter Zeit so häufig zu Besuch kommt und die sie nicht leiden kann?

Als am Schluss alles herauskommt, gelingt es den Zwillingen, die Eltern zu einem Treffen zu überreden. Ihr Traum von einem Familienleben zu viert scheint in Erfüllung zu gehen …

*Szenenfotos aus dem Film „Charlie & Louise"*

## ARBEITSANREGUNGEN

- Lies die Inhaltszusammenfassung des Filmes auf Seite 161. Werden deine Erwartungen, die du zu dem Filmplakat auf Seite 160 formuliert hast, dadurch bestätigt oder hast du eine ganz andere Handlung vermutet? Findest du, dass das Plakat zum Inhalt des Filmes passt? Warum? Warum nicht?
- Sieh dir das obere Foto auf Seite 162 in Ruhe an. Welche Gedanken gehen Charlie in dieser Situation wohl durch den Kopf? Wie fühlt sie sich?
  Stell dir vor, sie schreibt einen Brief an Louise, in dem sie davon erzählt. Schreibe den Brief für sie.
- Nach vielen Jahren treffen sich die Eltern von Charlie und Louise wieder. Wie könnte diese Szene im Film sein?
  Schreibe das Gespräch für ein Filmdrehbuch auf und ergänze es an einigen Stellen durch Regieanweisungen. (Wie sprechen die Personen: laut, leise, erregt, traurig, begeistert, zögerlich? Welchen Gesichtsausdruck haben sie: nachdenklich, mit Stirnrunzeln, lächelnd, fragend, skeptisch, böse, freudig? Was tun sie: sich anschauen, wegschauen, sich die Hand geben, die Arme verschränken, aufstehen, hinsetzen, auf und ab gehen?)
- Vielleicht hast du nun Lust, das Buch „Das doppelte Lottchen“ von Erich Kästner zu lesen. Wenn ihr in der Klasse den Film sehen möchtet, bittet eure Lehrerin oder euren Lehrer darum.

## Welche Menschen sind wichtig für mich?

Bei einer Befragung wurde Kindern im Alter von 10 bis 12 Jahren eine Liste mit 27 Personen vorgelegt. Dann wurde ihnen die Frage gestellt: „Wie wichtig sind diese Menschen für dich?“ Die Befragten konnten jeweils ankreuzen, ob die Personen für sie „sehr wichtig“ (1), „wichtig“ (2), „weniger wichtig“ (3) oder „gar nicht wichtig“ (4) sind. In der Tabelle auf Seite 165 sind die Antworten ausgewertet. Links stehen die Personen, die zur Familie gehören, rechts alle übrigen. Die Zwischenwerte (z. B. 1,4) kommen zustande, weil aus den Antworten der Kinder jeweils der Durchschnittswert errechnet wurde. (Das heißt: Alle Zahlen wurden zusammengezählt und die Summe wurde durch die Anzahl der Kinder geteilt.)

### ARBEITSANREGUNGEN

- Sieh dir die Befragungsergebnisse genau an. Was meinst du dazu? Formuliere mehrere Sätze, die folgendermaßen beginnen: *Ich finde es nicht überraschend, dass ... Es hat mich überrascht, dass ...*
- Wie wichtig sind dir die Menschen aus deiner Umgebung? Stelle deine eigene Liste zusammen und bewerte die Personen von 1 bis 4 (siehe oben).
- Stell dir vor, Lino hätte an der Befragung teilgenommen. In welchen Punkten hätte er sich wohl vom Durchschnitt unterschieden?

| Familienangehörige | Bedeutung | sonstige Personen |
|---|---|---|
| Mutter | **(sehr wichtig)** 1,0 | |
| Vater | 1,1 | |
| Oma (Mutter der Mutter)<br>Haustiere | 1,4 | |
| Oma (Mutter des Vaters) | 1,5 | |
| Schwester<br>Bruder<br>Opa | 1,6 | guter Freund |
| Tante<br>Onkel | 1,7 | gute Freundin |
| Cousin | 1,8 | |
| Cousine | 1,9 | |
| | **(wichtig)** 2,1 | Mitschüler/in<br>Freundesgruppe |
| | 2,4 | Arzt |
| | 2,5 | Nachbarskinder<br>Klassenlehrer/in<br>Trainer |
| | 2,6 | Eltern von Freundin<br>Trainerin<br>erwachsene Nachbarn |
| Stiefvater | 2,9 | |
| Stiefmutter | **(weniger wichtig)** 3,0 | |

ERNST JANDL

## familienfoto

der vater hält sich gerade
die mutter hält sich gerade
der sohn hält sich gerade
der sohn hält sich gerade
der sohn hält sich gerade
der sohn hält sich gerade
der sohn hält sich gerade
die tochter hält sich gerade
die tochter hält sich gerade

### ARBEITSANREGUNGEN

- Lies das Gedicht. Was fällt dir besonders auf?
- Wie viele Personen gehören zu der Familie, von der hier ein Foto gemacht wird? Was denken sie in dieser Situation wohl? Male auf ein Blatt für jede Person eine Denkblase und fülle sie.
- Lies den Text laut und bringe durch verschiedenartiges Sprechen (z. B. fröhlich, gelangweilt ...) die Gefühle der einzelnen Personen zum Ausdruck.
- Stell dir vor, Lino, seine Mutter und Hotte hätten sich während ihres Urlaubs in Holland fotografieren lassen. Schreibe dazu ein Parallelgedicht. Du kannst immer das gleiche Verb verwenden wie Ernst Jandl oder für jede Zeile ein neues Verb wählen. Denk dir auch einen passenden Titel aus.

GUUS KUIJER

## Wir alle für immer zusammen

*Die 11-jährige Polleke lebt nach der Scheidung ihrer Eltern bei ihrer Mutter, die sich ausgerechnet in den Klassenlehrer ihrer Tochter verliebt. Als Polleke von einem Besuch auf dem Bauernhof ihrer Großeltern zurückkommt (wo gerade ein Kälbchen geboren wurde, das ihren Namen bekommen hat), sitzt ihr Klassenlehrer im Wohnzimmer. Will er etwa über Nacht bleiben?*

Ich bin froh, dass ich mein Kalb gesehen hab. Ich bin auch froh, dass ich bei Oma und Opa gewesen bin.

Aber jetzt bin ich schon wieder zu Hause. Es ist mitten in der Nacht. Eigentlich müsste ich schlafen, aber es klappt nicht. Wisst ihr, wer mir gerade im Flur entgegengekommen ist? In einem knallroten, gestreiften Schlafanzug und ohne Brille? Weil er genau wie ich aufs Klo musste? Der Lehrer. *Walter*, sage ich mal. „Hallo, Polleke", hat er gesagt. Mitten in der Nacht! Stellt euch das vor!

Ich hab mich zu Tode erschrocken. Woher sollte ich wissen, dass er über Nacht bleiben würde! Als ich um neun ins Bett gegangen bin, saß er noch im Wohnzimmer. Er schläft im Gästezimmer auf dem Dachboden. Da bin ich mir sicher, denn ich hab die Treppe knarren hören.

Danach konnte ich nicht mehr einschlafen. Weil Sonntagnacht ist. Wie schrecklich! Will der Lehrer morgen von *uns* aus zur Schule? Gehen wir womöglich *zusammen* zur Schule? Da wird einem doch schlecht! Ich könnte schreien!

Warum verstehen Erwachsene nie, was geht und was nicht? Haben sie denn keinen Anstand im Leib? (Das ruft Opa immer zum Fernseher.)

Ach, Kälbchen Polleke, wärst du doch hier! Dann könnte ich mich an dich kuscheln. Vielleicht könnte ich dann schlafen! Aber so? Schlafen?

Zombie *wiederbelebter Toter in Horrorfilmen*

Wie ein Zombie kam ich nach unten. Der Lehrer und Mama saßen schon frisch am Frühstückstisch.

„Guten Morgen, Polleke", schmetterten sie im Chor.

„Gmoooooooorrrggge", brummte ich zurück. Ich konnte kaum aus den Augen gucken. Und die beiden schnatterten vor sich hin. Himmel, waren die gut gelaunt.

„Machst du dir Sorgen, Polleke?", fragte der Lehrer.

„JA", schnauzte ich. „Euer Getue macht mich ganz krank."

„Was für ein Getue?", fragte meine Mutter.

„Du weißt genau, was sie meint, Tina", sagte der Lehrer. „Da gibt's nur eins: so schnell wie möglich heiraten."

„Ich will nicht heiraten", sagte ich. „Überhaupt niemanden."

„Dich meine ich nicht", sagte der Lehrer. „Ich meine uns." Er zeigte auf sich und meine Mutter.

„Ha ha", sagte ich. „Was sind wir heute komisch."

„Walter!", rief meine Mutter. „Meinst du, dass du mir ... wie heißt es noch?"

Der Lehrer schob seinen Stuhl zurück, fiel auf die Knie und rief: „Liebe Tina, willst du mich heiraten?“

„Jaja“, sagte ich und kaute auf einem viel zu alten Brot herum. „Dann müssen Sie sich aber erst mal scheiden lassen.“

Der Lehrer guckte mich erstaunt an. „Scheiden lassen?“, fragte er. „Ich bin doch gar nicht verheiratet, du Witzbold.“

Ich fiel fast vom Stuhl vor Verblüffung. So was hatte ich noch nie gehört. Ein Mann in seinem Alter. Nicht verheiratet!

„Tina, wie lautet deine Antwort?“, rief der Lehrer.

„Auch keine Kinder?“, fragte ich.

„NEIN, du Dummi“, rief meine Mutter.

„Nein?“, fragte der Lehrer ängstlich.

„JA!“, rief meine Mutter.

Sie beugte sich runter und umarmte den Lehrer. „Ja, ich will dich heiraten, mein Ritter der Kreide, mein Prinz des Zeigestocks.“

Ich guckte nach unten. Da sah ich meine liebe Mutter und meinen netten Lehrer, die sich umarmten wie die Blöden. Jetzt war ich mir nicht mehr so sicher, ob der Lehrer auf dem Dachboden geschlafen hatte. Sie küssten sich nicht zum ersten Mal, das sah man gleich.

„Wir müssen es sofort erzählen“, keuchte der Lehrer. Er stand auf. „Ich meine der Klasse, der Schule, dann ist es vorbei mit dem Getratsche.“

Ich schlug die Hände vors Gesicht. Das war das Ende. Nach diesem Morgen hatte ich kein Leben mehr.

## Arbeitsanregungen

- Polleke berichtet am Nachmittag ihrer besten Freundin von dem Erlebnis. Versetze dich in ihre Situation und schreibe auf, was sie erzählen könnte (Ich-Form).
  *Stell dir vor, was ich heute Morgen erlebt habe. Ich ...*
- Welche andere Überschrift könnte dieser Text haben? Begründe deinen Vorschlag.
- Später gibt der Lehrer in Pollekes Klasse bekannt, dass er Pollekes Mutter heiraten wird. Stell dir die Situation vor und male dir aus, was dann passieren könnte. Schreibe die Geschichte aus Pollekes Sicht weiter (Ich-Form).
  *In der zweiten Stunde bekam ich schon das große Flattern, weil gleich unser Klassenlehrer hereinkommen würde. Als schließlich die Tür aufging, ...*
- Polleke sagt: „Warum verstehen Erwachsene nie, was geht und was nicht?“ (S. 168, Z. 3 f.). Teilst du ihre Ansicht? Begründe deine Meinung anhand eines Beispiels.
- Der Text ist ein Ausschnitt aus dem gleichnamigen Buch von Guus Kuijer. Wenn du Lust hast, die ganze Geschichte von Polleke zu erfahren, dann lass es dir schenken oder informiere dich, ob du es in der Bücherei ausleihen kannst.

KEVIN HENKES

# … und dann kam Claire

*Die Mutter von Nick Werla ist gestorben, als er erst fünf Jahre alt war. Seitdem lebt er mit seinem Vater Glenn, einem Lehrer, und seiner Großmutter Nova zusammen. In den Sommerferien lernt er bei einem gemeinsamen Picknick am Strand Claire Becker kennen, eine Lehrerin für Kunsthandwerk und die neue Freundin seines Vaters. Danach entwickelt sich ein Gespräch zwischen Vater und Sohn.*

„Und – was hältst du von ihr?“, fragte Glenn. Sie waren auf dem Heimweg, nachdem sie Claire an ihrer Wohnung abgesetzt hatten.

Nick zuckte die Achseln. „Ich weiß nicht“, sagte er. „Was hältst denn du von ihr?“

„Ich mag sie“, antwortete Glenn. Er hämmerte einen leichten Rhythmus aufs Steuerrad. „Ich mag sie sehr.“ Er warf einen Seitenblick auf Nick. „Du hast doch nichts dagegen? Das möchte ich nämlich nicht.“

„Nein, nein“, erwiderte Nick und setzte hinzu: „Sie ist hübsch.“

„Finde ich auch“, nickte Glenn lächelnd. „Und klug und künstlerisch und nett …“

„Willst du sie heiraten?“

Glenn lachte schnell auf. „Heute Abend auf jeden Fall nicht mehr“, sagte er scherzend.

„Nein, sag doch, willst du?“

Mit gedämpfterer Stimme sagte Glenn: „Das kann

ich jetzt noch nicht sagen. Aber ich weiß, dass wir viel gemeinsam haben. Und wir verstehen uns gut, wenn wir zusammen sind." Er zögerte. „Ich habe Claire jetzt ein Jahr lang an der Schule mitgekriegt ..." Seine Stimme verlor sich. Aber er strahlte wieder übers ganze Gesicht.

Ein ziemlich dämliches Grinsen, dachte Nick. Wie bei den Mondgesichtern, die er mit drei Jahren gemalt hatte. Er freute sich, dass Glenn glücklich war. Und gleichzeitig machte es ihm Angst. Was war, wenn sein Vater Claire Becker wirklich heiratete? Würde sich ihr Leben ändern?

Nick starrte in die vorbeiziehenden Wolken und entdeckte darin die verschiedensten Formen: ein Auto, eine Kuh, einen hutzeligen alten Mann mit Bart. Erst vor ein paar Stunden hatte er Claire von dem Feuer erzählt, und schon bereute er es.[1] Warum hatte er einer fast Fremden so viel offenbart? Claire war hübsch; lag es daran? Immerhin hatte er ihr nicht alles erzählt. Er hatte ihr nichts von der Hauttransplantation erzählt und wie sehr er geweint hatte. Und er hatte ihr nicht erzählt, warum er vor dem Riesenrad Schlange gestanden hatte.

Transplantation *Operation, bei der Gewebe oder Organe eingesetzt werden*

„Kann ich noch schnell beim Laden halten?", fragte Glenn. „Ich sollte ein paar Sachen mitbringen."

„In Ordnung", sagte Nick.

---

1 Als Fünfjähriger war Nick mit seiner Mutter Riesenrad gefahren. Im Jahr nach ihrem Tod wollte er dies allein tun. Während er in der Schlange wartete, gab es jedoch einen Kurzschluss. An den versengten Kabeln verbrannte Nick sich so schlimm, dass eine Hauttransplantation notwendig war.

Auf dem Parkplatz summte Glenn laut vor sich hin. Im Laden machte er mit Nick einen Wettlauf durch die Gänge zwischen den Regalen. Schließlich griff er mit einem melodiösen Lachen nach den Orangen in den Auslagen und warf sie Nick zu, vor den Augen eines mürrisch dreinschauenden Mannes, der den Kopf schüttelte und missbilligend mit der Zunge schnalzte.

melodiös *wohlklingend*

Nach dem Einkauf hielten sie noch zum Eisessen. Da saß Nick in der schwülen Nachmittagsluft auf dem Bordstein. Himbeereis lief ihm am Handgelenk runter, und er wünschte sich, in die Zukunft blicken zu können. Er wünschte sich, das Ende der Sommerferien, Weihnachten, den nächsten Sommer sehen zu können. Er wollte so gern genau wissen, was mit seiner Familie los sein würde. Und er wollte verdammt gern wissen, was zur Zeit eigentlich los war.

## Arbeitsanregungen

- Im Nachhinein ist Nick froh, dass er Claire nichts von der Hauttransplantation und dem Weinen erzählt hat. Warum wohl?
- Versetze dich in Nick hinein und schreibe auf, welche Gedanken und Gefühle er abends in seinem Tagebuch notieren könnte (Ich-Form).
- Nick möchte gerne wissen, was sich in seiner Familie in der Zukunft ereignen wird. Hilf ihm dabei und schreibe auf, wie du dir diese Zukunft vorstellst.

- Lies die folgenden Sätze und ergänze sie so, dass darin entweder Nicks oder deine eigenen Gefühle zum Ausdruck kommen. Du kannst auch zusätzliche Zeilen einfügen.
  *Manchmal wird mir alles zu viel.*
  *Dann wäre ich gerne ...*
  *Manchmal hat mein Vater keine Zeit.*
  *Dann ...*
  *Manchmal habe ich Angst vor ...*
  *Manchmal habe ich eine Wut auf ...*
  *Manchmal habe ich kein Vertrauen zu ...*
  *Manchmal habe ich keinen Mut zum ...*
  *Manchmal habe ich keine Freude an ...*
  *Manchmal ...*

  **Tipp:** Du kannst die Stimmung auch umkehren, indem du die Sätze weiterführst: *Aber dann ...*

- Der Text ist ein Ausschnitt aus dem Buch „... und dann kam Joselle" von Kevin Henkes. Joselle lebt allein bei ihrer Mutter und ärgert sich, dass diese gerade mit ihrem neuen Freund verschwunden ist. Nick und Joselle werden Freunde und helfen sich beim Umgang mit ihren Problemen. Hast du Lust, das Buch zu lesen und die ganze Geschichte zu erfahren?

## Textquellen

*Seite 144–147:* Interview mit der Autorin Sigrid Zeevaert (Originaltext; Abdruck mit freundlicher Genehmigung von Sigrid Zeevaert).

*Seite 149:* In welchen Familienformen leben Kinder in Deutschland? Quelle: Statistisches Bundesamt, 2003.

*Seite 151–153:* Cora E: Schlüsselkind. Text: Sylvia Macco. © Edition Fourplay From Here To Fame Edition.

*Seite 155–158:* Glückliche Scheidungskinder? Aus: GEO Wissen, Nr. 34 09/04.

*Seite 161:* Der Inhalt des Films „Charlie & Louise“ in Kürze (Originaltext).

*Seite 165:* Welche Menschen sind wichtig für mich? Daten aus: Jürgen Zinnecker, Imbke Behnken, Sabine Maschke, Ludwig Stecher: null zoff & voll busy. Die erste Jugendgeneration des neuen Jahrhunderts. Opladen: Leske und Budrich 2002. S. 25–26.

*Seite 166:* Ernst Jandl: familienfoto. Aus: Ernst Jandl: Der künstliche Baum. Neuwied: Luchterhand Verlag 1970.

*Seite 167–169:* Guus Kuijer: Wir alle für immer zusammen. Aus: Guus Kuijer: Wir alle für immer zusammen. Hamburg: Verlag Friedrich Oetinger 2001. S. 53–55.

*Seite 171–173:* Kevin Henkes: ... und dann kam Claire. Aus: Kevin Henkes: ... und dann kam Joselle. München: Deutscher Taschenbuch Verlag 1996. S. 61–63.

## Bildquellen

*Seite 144:* Foto Sigrid Zeevaert © Sigrid Zeevaert.
*Seite 151:* CD-Cover „Schlüsselkind“ von Cora E. © From Here To Fame GmbH, mzeeGraphics96 / Foto: Laure Maud.
*Seite 160:* Filmplakat „Charlie & Louise“ © cinetext.
*Seite 162:* Szenenfotos aus dem Film „Charlie & Louise“ © cinetext.